嘉实基金管理有限公司 敬献

嘉实基金
Harvest Fund

嘉实藏书计划⑥

爱嘉定投魔法

嘉实基金管理有限公司 编著

U0837452

北京大学出版社
PEKING UNIVERSITY PRESS

图书在版编目（CIP）数据

爱嘉定投魔法／嘉实基金管理有限公司编著．—北京：北京大学出版社，2012.11

ISBN 978-7-301-09997-1

Ⅰ．①爱…　Ⅱ．①嘉…　Ⅲ．①基金－投资－基本知识　Ⅳ．①F830.59

中国版本图书馆CIP数据核字（2012）第251938号

书　　名：**爱嘉定投魔法**

著作责任者：嘉实基金管理有限公司　编著

责任编辑：秦　雯

标准书号：ISBN 978-7-301-09997-1／F·3378

出版发行：北京大学出版社

地　　址：北京市海淀区成府路205号　100871

网　　址：http://www.pup.cn

电　　话：邮购部 62752015　发行部 62750672

编辑部 82893506　出版部 62754962

电子邮箱：tbcbooks@vip.163.com

印　刷　者：北京嘉业印刷厂

经　销　者：新华书店

787毫米×1092毫米　16开本　13印张　172千字

2012年11月第1版第1次印刷

定　　价：49.00元

前言

爱嘉定投，开启美好人生

美好人生拥有什么？生活的安定，身体的健康，家庭的幸福，精神的富足……

十三载岁月如歌，于嘉实而言，拥有千万持有人的信赖是美好，始终践行承诺是美好，帮助持有人实现人生理想更是美好！

嘉实基金除了悉心为您提供长期、稳健的专业理财服务外，更希望通过“嘉实藏书计划”，将投资的真谛、时间的秘密、财富增值的感悟带给您和您的家庭。

《爱嘉定投魔法》是“嘉实藏书计划”的第六本图书，以基金定投为主题，从一个全新的视角诠释基金定投法则，以真实市场数据为基础，为投资者提供简单并切实可行的基金投资技巧。

全书从理念、需求和技巧三个方面，为投资者呈现与以往不同的基金投资思路，继承投资精髓理念，打破投资误区桎梏，突破创新投资技巧，注重历史实证数据分析，力求图文并茂愉快阅读。希望《爱嘉定投魔法》能够助您开启美好人生。

目录

爱嘉定投魔法之需求篇

爱嘉定投魔法之技巧篇

第9章　爱嘉定投4锦囊

第10章　逢低加码3妙招

第11章　爱嘉定投3部曲

第12章　爱嘉定投5要点

附录　爱嘉定投问答

AUTOMATIC
INVESTMENT PLAN

爱嘉定投魔法之

理念篇

【第 1 章】

爱嘉定投魔法箴言

不懂的东西不要碰

如果你对一个投资工具没有基本的认识，那么请别投资；相反，如果你要投资，就一定要试着去了解这个投资工具。所以，千万别因为隔壁王太太买了，为了证明你对这段友谊的信任而非买不可。

对过往投资经历的回顾，能够让我们加深对投资的理解。现在，请认真回想自己的第一次投资，你的脑海中会出现怎样的画面？

然后慢慢地，从这次投资开始，你能够回忆起自己投资过的所有工具吗？比如说，某一只股票、某一只基金或某一款银行理财产品。

接下来，在这些你所投资的工具中，哪些为你带来了收益？哪些让你承受亏损？你能说出买入或卖出某个投资工具的原因吗？

让我们在保持如上思考的同时，再来做一项小测试。

测试 1-1

假如你在一项投资中投入了 3 万元，由于某些原因，你必须做出如下选择，你会怎样做？

- Ⓐ能够保住 1 万元，但必须亏损 2 万元。
- Ⓑ有三分之一的可能保住 3 万元，三分之二的可能全部亏损。
- Ⓒ你需要向你信任的人求助，并按照他在 A、B 选项中的选择执行。

从数学上看，选项 A 和 B 的数学期望值是相同的，因此选择 A 和 B 并没有优劣之分。虽然如此，但选项 A 和 B 却代表着完全不同的价值取向。选择 A 的人，更加重视一件事情的结果，是结果导向。选择 B 的人，更加重视一件事情的过程，是过程导向。比较特殊的是选项 C，选择 C 的人，并不能够通过有效的方法在 A 和 B 之间做出选择，因而选择跟随自己所信任的人的选择进行决策，是跟随导向。

现在，让我们延续此前的思考：在你对以往投资经历的回顾中，你认为自己更偏向于 A、B、C 中的哪一类人？

需要说明的是，这三类人的价值取向并无强弱之分，只是代表不同的价值观，其特征与风险如表 1-1 所示。

表 1-1 结果导向、过程导向和跟随导向的特征与风险

结果导向	重视结果，更加看重一项投资为自己带来的利益，甚至为了获取利益，不在乎过程是否合理，不在乎使用何种方法	因为太重视结果而忽视过程，所以会制定不切实际的目标，甚至根本无法实现目标
过程导向	重视过程，更加看重在一项投资的过程中实现了哪些价值，是否做得有意义	过于专注过程，往往会让人没有明确的目标，没有明确的方向
跟随导向	选择跟随策略其实是一种聪明的方式，对这类投资者来说，过程和结果都不重要，重要的是紧跟趋势，不落伍	所谓聪明反被聪明误，由于对过程和结果都不重视，因此没有可以坚持的价值观，投资会非常不稳定

举例来说，以购房、购车、养老等为明确目标的投资者，具有明确的结果导向特征，但如果不能够让目标变得可以实现，并掌握实现目标的方法，其结果只是一场空梦而已；又如，许多投资者沉溺于股票的炒卖中，在决策的正误间或陶醉、或沮丧，但是因为没有明确的目标，所以深陷股市十余年却收获寥寥；再如，有非常多的投资者，最初进入市场的动机是不甘落后，他们既没有明确的目标，又不懂如何投资，只是看了隔壁王太太买了某种投资工具，就跟风购买，结果往往是买了跌，卖了涨，一进一出间损失惨重。

现在，继续思考：在没有进行上述测试之前，你是否意识到了自己对于投资的价值取向？你又是否意识到自己遵循的价值取向所蕴含的风险？

做任何事都有其应有的逻辑，投资亦不例外。从理财规划的角度看，投资的基本逻辑是首先分析自身的财务状况、风险偏好和风险承受能力，根据生命周期、货币的时间价值等理论，明确自己在短期、中期和长期的理财需求，并根据这些需求，凭借不同的理财工具，制订具有针对性的理财规划，还要在执行理财规划的过程中进行监测与调整，尽可能增加实现理财目标的概率。

由此可见，理财是一项系统工程，它不仅仅是买入或卖出某种投资工具，它关乎在你一生中任何需要支出的时候的支付能力，更关乎由此而产生的对于生活的幸福感。所以，理财不应是一个草率的决策，而反观现实中的投资者，又有多少不是从草率的决策开始投资理财的呢？

有很多投资者，在购买某个投资工具后，一旦亏损，就会大力声讨产品提供者和销售者，认为自己受了骗，理应得到补偿，至少也要讨个说法。但现实是，亏了就是亏了，亏的是自己的真金白银。往往眼见真实亏损，投资者才悔不当初，但充其量也就是埋怨自己为什么鬼迷心窍去投资，而不是为什么自己在所知甚微的前提下去盲目投资。出现问题时，人们更善于将原因转嫁到与自己不相关的事物上，借此来逃避对自己的谴责，在心理上，这是一种自我保护的机制。

投资有风险，入市须谨慎。在许多投资者眼中，这句话的分量甚至还不如一块“小心地滑”的警示牌。同样是在提示风险，却有不少人对投资风险视而不见，尤其是在市场上涨的行情中。

心理学中有个名词叫“乐队车效应”。乐队车是在游行时排在最前面、承载着乐队演奏的头车，乐队所演奏的激昂乐曲，会让人不自觉地跟在后面游行。反映在人们的行为中，即人更喜欢站在强势（或胜利者）一方。这种现象在牛市时表现得十分显著。市场高涨，看到大部分投资者都赚了钱，更多的投资者会自然而然地加入投资的队伍中，此时的他们相信“胜利”的概率更高，高到足以将风险置于脑后。一个又一个草率的决策，就这样盲目地开始了。

市场不会永远上涨，这是由经济周期决定的。但大部分投资者往往认识不到，或者认为下跌离自己还很遥远。而一旦市场在预期之外下跌，风险就会像潮水一样涌到投资者面前，此时即便投资者猛然惊醒，也为时已晚，因为草率进场的投资者在慌乱之中所能做的只有草率出场。

有趣的是，心理学中还有一种现象叫做“Underdog 效应”，也就是说此时投资者会逐渐倾向于支持弱势者，尤其是当人们自己也成为弱势者的时候。投资者会将矛头指向投资工具的生产者和销售者，因为他们认为这些机构是“强势”的，是和他们对立的，而不是像牛市时将这些机构视为同一战线的战友。

投资者的心理变化是客观存在的，但如果仔细分析这种变化的背后，无论是市场上涨时的草率进入，还是市场下跌时的草率退出，对投资者而言，都是缺乏对市场、投资工具以及投资理念与技巧足够认知的结果。这种情况在结果导向和跟随导向的两类人中表现较为突出，尤其是后者。

投资大师彼得·林奇说：“不做研究就投资，和玩扑克牌不看牌面一样。”一句道出了盲目投资、草率决策所面临的巨大风险。投资和人生一样，更重要的不是摸得一手好牌，而是如何出好每一张牌。要知道，即便是沃伦·巴菲特这样的投资大师，也不敢贸然涉足不了解的投资领域。在十余年前美国科技股泡沫破灭前期，巴菲特与其合伙人就是因为深知对此行业缺乏足够了解，所以选择了回避风险。而与之相反的例证是巴菲特投资可口可乐。众所周知，巴菲特是可口可乐的忠实消费者，不仅如此，他对这家公司的财务状况也一清二楚，他知道这家公司所具有的投资价值。虽然巴菲特在持有可口可乐的过程中也经历波折，但综合来看依然让他所获颇丰。

也许有人会说，作为一个普通投资者，根本没有时间去详细研究投资工具，既然如此，那么为什么不能选择相信自认为值得相信的人，跟随他进行投资呢？

如前文所说，跟随导向的投资者确实是聪明的，但这里有三个问题不能避免：第一，你所选择的跟随目标是否如你所想的那样专业且值得信任？第二，你所选择的跟随目标是否与你拥有相同的家庭财务状况、风险承受能力、风险偏好和理财需求？第三，如果前两个问题都不存在，那么你是否能够保证自己跟随其投资的紧密程度？

上述三个问题的任何一个，都足以让你和所跟随的人的投资相差甚远，而在现实生活中，同时满足这三个条件的概率，甚至比你盲目投资获得成功的概率还要低。

正如本节标题所讲的，“不懂的东西不要碰”，其实是在说一种风险回避的策略。每一种投资工具都有其风险收益特征，而在投资这个工具的过程中，在产品设计、销售、持有、卖出甚至是传播的过程中，也都会存在其特有的风险。如果投资者并不了解这个产品，贸然投资，就会面临较高的风险。

相信没有人希望让自己暴露于风险之下，而要控制这些风险，就必须从了解投资工具开始：去认识它获取收益的逻辑，去认识在获取收益的过程中你将面临的风险，去认识控制这些风险的方法。唯有如此，投资者才能摆脱草率与莽撞，更加认真和理性地对待理财。

稳健投资最重要

理财更像是田径运动的长跑，需要持之以恒，需要厚积薄发；它不像短跑，枪声一响就全力以赴，咬紧牙关冲线夺标；它需要整体筹划，合理分配体力，调整好呼吸节奏……总之就是一个字——稳！

对于那些经常驾车来往于众多城市的人来说，一个现象或许能够引起大家的共鸣，即越是在大城市，来往车流的速度越快，如果遇到堵车，驾驶者的情绪也会更加急躁，甚至是愤怒。心理学对此给出的解释是路怒症（road rage）。调查显示，美国职业司机患有路怒症的比例超过了30%，而在中国上海这样的城市，私家车主有此类心理障碍的比例高达44%，职业货运司机更是超过了80%。

路怒症不过是个缩影，现代社会中，急躁早已不是个别人的情绪，而是典型的城市现象，甚至可以说是“社会病”。在城市中，不仅工作和生活的节奏越来越快，连人们对待财富增长速度的预期都越来越高。尤其是当原本和自己差不多的家庭变得更加富裕时，人们总是想通过某种方式追赶上来。当然，速度必须快。

因此在投资上，大多数人最关心收益率。一项年均收益率100%的投资，远比一项年均收益率10%的投资更吸引人。要证明这个观点一点不难，极端的情况是，如果某期福利彩票有人中了头奖，一定能够吸引所有人的目光，并且奖金越高，关注度越高。是什么吸引了人们的关注呢？有两点很重要：一是博彩极高的收益率，二是极低的中奖概率。人们知道这些，但往往意识不到它和风险的关系。

同样在现实投资中，很少有投资者能够对风险给予足够关注。伴随中国投资理财市场发展起来的投资者，对投资理财的理解基本锁定在炒股、炒期货上，几乎不考虑自身是否能够承受这些高风险投资在下跌时造成的损失。

案例 1-1

张庆江（化名）今年已经 78 岁了，退休前是某学校的教师。几年前，他从一个教过的学生那里知道了炒股能赚钱，并且看见自己的学生功成名就，自己却平平淡淡，便心有不甘，决定炒股。

一个自称某证券公司客户经理的胡某声称帮他炒股。第一次张庆江拿出了 20 万元，正逢股市大涨，赚了不少……不久，他又把刚刚得到的 58 万元动迁款交给了胡某，此时正好是 2007 年中国股市在 6000 点附近的时候……到了 2008 年 9 月，张庆江的股票账户已经归零，而在胡某的蒙骗下，他直到 1 年后才知道此事。愤怒之下张庆江找到证券公司，却得知胡某早已不是该公司的员工……最终，经过漫长和复杂的多方介入，胡某只赔偿给张庆江 12 万元，双方达成和解。

一份由《上海证券报》发布的调查显示，截至 2012 年年初，只有 35% 的股民表示自己炒股以来的总体收益率为正，17% 表示盈亏基本持平，高达 48% 的股民总体上处于亏损。而在获得正收益的股民中，88% 的人表示整体收益率低于 30%。因此从总体上看，个人投资者想在股市上赚钱，并不是件容易事。

而这样的事实，却和大部分人对炒股赚钱的预期存在较大落差。和案例 1-1 中的张庆江老人一样，不少人炒股多少存在一夜暴富的幻想。在上述调查中，不乏有这样的股民，入市之初不过是想小打小闹赚些外快，却不料越陷越深，从最初的投入几万元，一直到投入上百万元，可谓身在"围城"，冷暖自知。

数据显示，目前中国股票投资者的年龄主要集中在 20 岁 ~ 40 岁，占比超过 60%；收入则主要集中在年薪 20 万元以下，其中 1 万元 ~ 5 万元占比 24.4%，5 万元 ~ 10 万元占比 37.9%，10 万元 ~ 20 万元占比 25.1%；投资资金上，50 万元以下占比 70%，1 万元 ~ 5 万元、5 万元 ~ 20 万元、20 万元 ~ 50 万元的投资者各占其三分之一。

由此不难描绘出中国股票投资者的整体形象：他们正处于事业上升期或巅峰期；他们的整体收入水平并不算高，养老、医疗等刚性需求依旧存在很大的缺口；他们的投资资金相对于收入并不算低，很多人都不是用“闲钱”来投资，甚至不少人都有“赌一把”的心理。那么，面对炒股亏损这个大概率事件，这个群体有足够能力承受吗？案例 1-1 中，张庆江的资金最终只剩下寥寥 12 万元，就算不看病不吃药还够花几年？原本还能过上安逸的退休生活，只因为一个盲目的决策，这位老人成了潮水退去后裸泳的人。

所以，风险是不可忽视的。要面对风险，投资者可以从两个维度去分析：主观层面的风险态度和客观层面的风险承受能力，进而判断哪种投资工具更适合自己。

风险态度是指投资者对风险的喜好或厌恶程度，可简单分为风险厌恶、风险中性和风险偏好三种类型；风险承受能力是指投资者能够承担的风险有多大，它由投资者的年龄、身体健康状况、职业和收入、家庭财务状况、家庭成员等因素决定。例如，随着年龄的增长，由这一因素而决定的风险承受能力会降低，这是客观的。

因此，如果中国股民这个群体可以代表典型的中国投资者，那么从整体上看，其风险承受能力基本处于稳健型。而调查数据显示，约 2/3 的投资者主观能够忍受的下跌幅度低于 25%，因此基本上属于风险中性或风险厌恶。通过上述分析，我们能够确定投资者倾向于稳健型投资是个大概率事件。那么，什么样的投资工具更适合稳健型投资者呢？

如图 1-1 所示，按照不同投资理财工具的风险收益特征，可以将其进行分类排列，这样就形成了投资理财工具的风险收益金字塔。如前文所述，处于金字塔顶端的投资工具，主要是风险收益水平较高的股票、期货、外汇和金融衍生品等，它们往往是市场上最受投资者关注的标的，但却不适合大多数投资者。

处于金字塔中间层的是风险收益中性的投资工具，主要包括股票基金、混合基

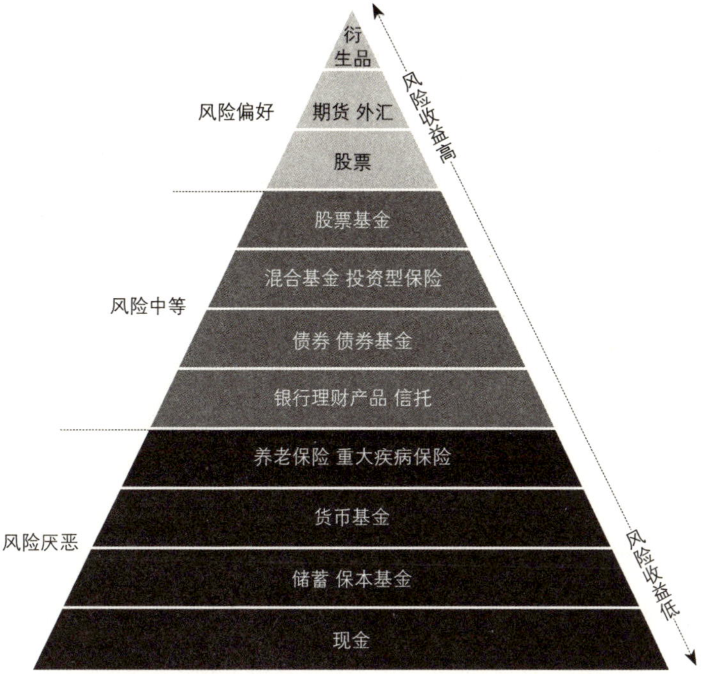

说明：本图仅供参考，不构成投资建议。

图 1-1 投资理财工具风险收益金字塔

金、投资型保险、债券基金、债券、银行理财产品和信托等。相对于金字塔顶端的工具来说，这些工具虽然整体收益水平较低，但其风险也相对较低。投资它们可能导致的投资亏损以及亏损幅度，对大多数投资者来说较为容易接受，适合风险态度中性的投资者。

不少投资者认为股票基金的风险和股票一样，这其实是个误区。虽然股票基金的主要投资标的是股票，但是它能够通过组合投资分散风险。如图 1-2 所示，股票 A 和股票 B 的组合的风险，要远远低于股票 A 或股票 B 的风险。

金字塔底端的工具主要包括养老保险、重大疾病保险、货币基金、保本基金、储蓄和现金。其中养老保险和重大疾病保险属于保障类工具，能够将投资者的养老

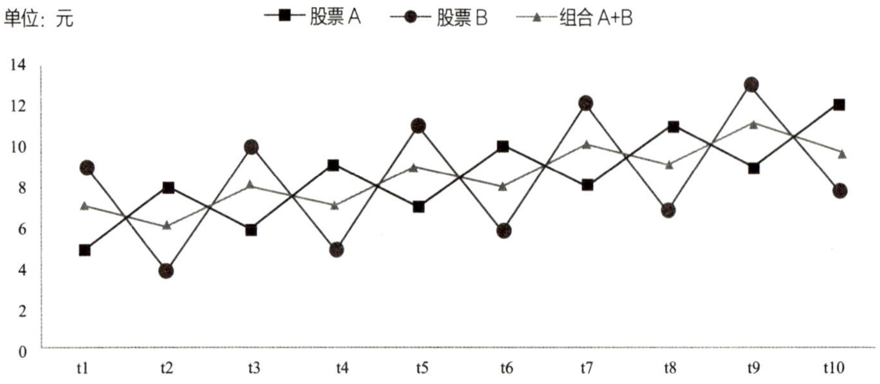

说明：本图仅供参考，不构成投资建议。

图 1-2 股票基金组合投资分散风险

风险和健康风险进行转移；货币基金是出色的现金管理工具，虽然不承诺本金保障，但从现实来看亏损的可能性较低，并且具有流动性强的特点；储蓄和保本基金都具有本金保障的特征，其收益率相对较低，比较适合极度厌恶风险的投资者；比较值得一提的是现金，很多投资者对现金不屑一顾，但是在家庭理财中持有现金的比例十分重要。因为如果持有过多现金，则会面临较高的通货膨胀风险；如果持有现金太少，则会面临流动性风险。

因此对大部分投资者来说，更适合选择稳健型的投资工具，或者以稳健型投资工具为核心进行资产配置。谈到这里，我们不难发现，投资者偏爱高风险高收益投资工具的另一个原因，是没有认识到自己的真正需求，更没有建立量化的投资目标。

很多投资者所谓的需求，只是“追求高收益”，却缺乏关于“高收益”具体的解读，比如收益率到底是多少？要通过投资赚到的钱是多少？甚至更多是因为投资者不知道如何去解读：不清楚某一时点进行某项投资决策可能为自己带来什么，可能让自己失去什么；不清楚自己到底应该投入多少，赚多少才能够满足自己的需求……如果什么都没想好，那么投资一定一团糟。这就像我们猛踩油门开车上路，左拐右闪，加塞压线……可闯了半天，却发现自己没想好为什么开车出门。

因此，所谓的稳健投资最重要，并不局限于选择投资工具的策略层面，同样存在于明确投资目标和制定投资规划的战略层面。投资者要清楚理财是一件长周期的事，在做这件事之前让自己稳重地把它想清楚；在做这件事的时候稳步地执行；这样才能在面对生活难题的时候，胸有成竹地稳妥应对。

穷富都要理财

家家有本难念的经。对穷人来说，养老、置业、子女教育等大额消费着实让人头疼，面对刚性需求，唯有增加被动收入，填补财务缺口；对富人来说，如何保持财富的长久安全，如何将财富传承给后代也是躲不开的难题，唯有通过资产配置，才能维持优质的生活水平。这就是所谓的“穷人重增值，富人重配置”。

谈到理财，通常有两类人觉得这件事离自己很遥远：一类是穷人，一类是富人。大多数穷人会说自己没钱理财，那些所谓的投资理财根本只是有钱人的游戏；而不少富人会说自己没必要理财，银行账户里的存款花到下辈子也用不完，投资理财这件事儿更适合穷人。

这就出现了一个有趣的现象：穷人和富人都认为自己不用理财，相反那是对方该去做的事，双方的观点相互矛盾。说不定有一天，穷人暴富或富人落魄，他们依然会觉得投资理财和自己毫不相干。

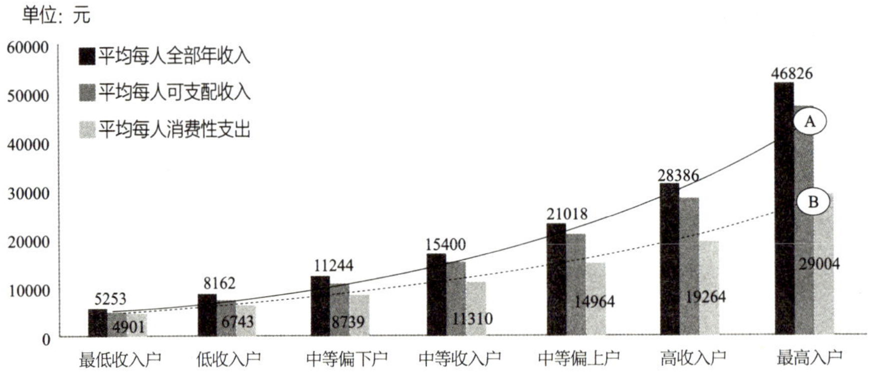

数据来源：中国国家统计局 2009 年度。

图 1-3 城镇居民家庭年度收入与消费情况

我们先来看看穷人的问题。图 1-3 是中国国家统计局公布的城镇居民家庭收入和消费情况的统计数据。图上有 A、B 两条趋势线，A 表示不同收入层级居民的人均可支配收入增加的趋势；B 表示不同收入层级居民的人均消费支出增加的趋势。从图上不难看出，高收入人群虽然挣得更多，但消费的比例更低，即在不依靠被动收入的前提下，高收入人群积累财富的效率要高于低收入人群。

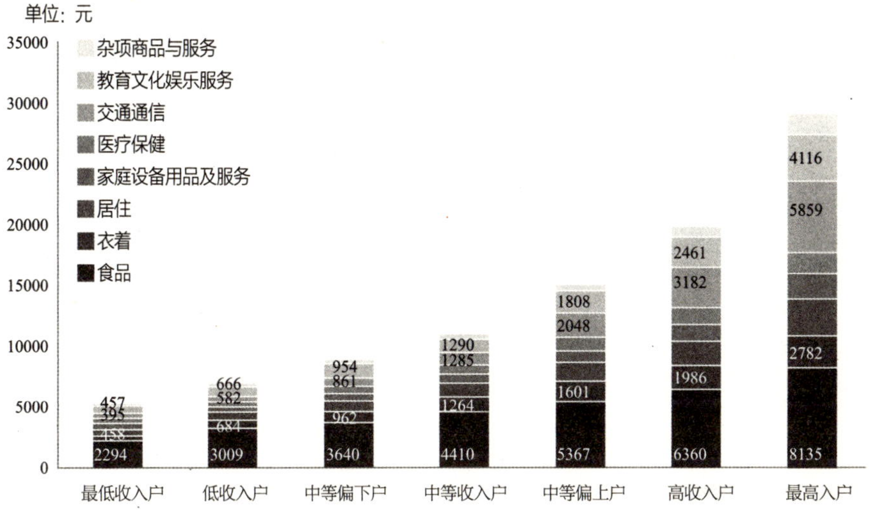

数据来源：中国国家统计局 2009 年度。

图 1-4 城镇居民家庭年度消费构成

对穷人来说，不理财不是因为不需要，而是因为没有钱。那么，这个问题是否能够解决呢?

图 1-4 是城镇居民年度消费构成的统计数据，不难看出，随着收入水平的增高，人们在细分项目的消费也会增加，比较突出的是食品、衣着、交通通信和教育文化娱乐服务这几项。投资者不妨仔细想一想，哪些消费是必要的？哪些消费是能够缩减的？比如在图 1-4 中，“中等偏上户”的衣着年均消费比“中等偏下户”高出将近 1 倍，是不是意味着不这样就无法实现衣着的保障?

对于“中等偏上户”2 万余元的年均可支配收入来说，养老、子女教育、置业等大额消费依然是巨大的财务缺口，如果存在“没钱理财”的情况，是否应该从节流做起？对中低收入者来说，节流是投资理财要做的第一件事。

和穷人相比，富人的问题更棘手一些，因为穷人生活上有着比较明显的财富缺口，投资理财的需求也更加明确，而反观富人，投资理财的需求就比较隐蔽。招商银行和贝恩公司（Bain & Company）联合发布的《中国私人财富报告》显示，2009 年，中国富人（高资产净值人群）的财富目标更多集中在“创造更多财富”和“高品质生活”两个方向；而在 2011 年，富人的财富目标变得更加多元化，除了关注财富积累和生活品质外，同时也关注财富安全、财富传承、子女教育以及个人事业（包括企业）等其他财富目标，如图 1-5 所示。不仅如此，富人的财富需求与穷人不同，富人的风险态度更加成熟，更加希望能够在可控的风险下获得中等水平的收益，如图 1-6 所示。

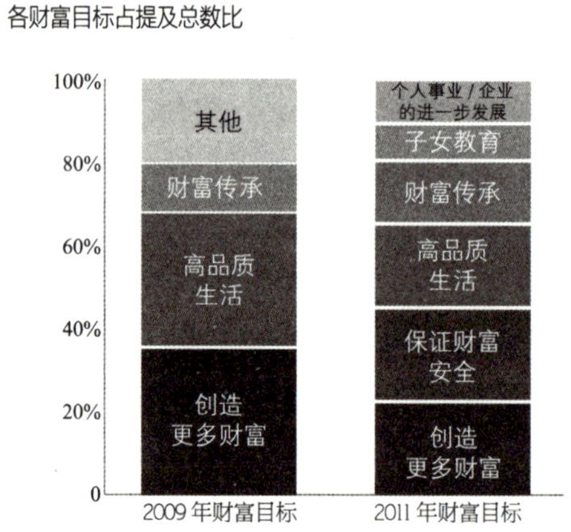

数据来源：招商银行、贝恩公司联合发布的《中国私人财富报告》。

图 1-5 中国高资产净值人群财富目标呈现多元化趋势

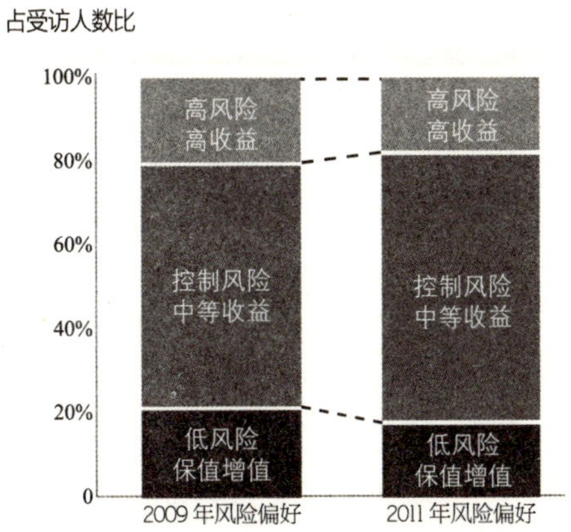

数据来源：招商银行、贝恩公司联合发布的《中国私人财富报告》。

图 1-6　2009 年与 2011 年中国高资产净值人群风险态度变化趋势

如果你是富人，看到上面的数据是不是有些感触？很多时候我们只能够准确地识别或描述出我们真实需求中的一部分，在没有经过系统思考的前提下，有些财富目标虽然是必要的，但却不容易清晰地量化。

投资理财的第一步，就是从我们的真实情况出发，通过对年龄、性别、职业、收入、家庭以及对未来的期望等多种要素进行分析，确定清晰的、量化的投资目标。如果你不是专业的理财规划师，那么无论是穷人还是富人，都有可能将一些必要的目标遗漏掉，因为对大多数人来说，理财目标的确定并不是基于科学的、系统的分析。如果人们并不清楚自己的财富目标是什么，那么所谓的投资规划自然也无从谈起。

无论是穷人还是富人，都必须遵循生命周期的发展规律。在逐渐经历投入期、成长期、成熟期和衰退期的过程中，穷人与富人的收支状况虽然在量上不同，但是在规律上却具有一致性。人们都需要在青壮年时期努力积累财富，以应对退休之后长期的净支出。因此，穷人要更早地明白财富积累的目标和方法，而富人要明白财富保值的策略和规划，不管有钱没钱，都离不开投资理财。

基金：适合大众的理财工具

不同的理财工具风险收益不同，投资方法也不同。如果你购买了不适合自己的理财工具，首先是很有可能达不到你所期望的投资效果，其次是你在持有它的过程中会十分痛苦。没错，就是财富与内心的双重煎熬。

在开始一项投资之前，大多数人都能够找到充足的理由来证明“我为什么要进行这项投资”。然而当投资亏损时，又往往会反问自己“我为什么要进行这项投资”？

前后两个问题看似一样，但本质不同。投资之前，为什么进行一项投资的理由往往基于投资目标，哪怕是简单的“资产增长”的目标；而在亏损之后，人们疑惑的是为什么为了某个目标，自己偏偏选择了某一类投资品，比如股票。

也就是说，在开始投资前，不少人在确定目标和实施操作之间缺少了一个重要步骤——规划，即为了这个目标，结合自己的投资能力，到底应该去选择什么样的产品。

案例 1-2

李刚（化名）的股票资产在1年时间里缩水了60%。问及他为何要投资股票，他说：“我的孩子正在上学，家庭花销每年都很大。我想增加点收入，但是把钱存入银行利息少得可怜，又没有其他可靠的投资项目，只好去买股票。谁知道买股票还不如存银行，不但没赚钱还赔了不少。我现在谁也不怪，只怪自己很傻很天真……”

李刚的经历颇具代表性。为了能够过上更好的日子，选择投资理财的确是快捷的途径，但他的问题在于把炒股当成了投资的唯一途径。他忽略了两个关键问题：其一是自己真的会炒股吗？其二是除了炒股就没有其他投资途径了吗？

正如前文图 1-1 理财金字塔所讲述的，投资工具种类繁多，但为什么投资者的脑海中只有股票？其原因一方面是“炒股发财”的神话多见于报纸杂志，让人形成了深刻的主观印象；另一方面是投资者对各种投资工具缺乏整体的了解，因此才“只好去买股票”，看似无奈的选择，其实是没去选择。

如何选择适合自己的投资工具？本章将以大众投资者为主要对象进行阐述。在选择一项投资工具之前，投资者不妨问自己以下几个问题。

关于产品：它能够为我带来什么

无论是何种投资工具，都能够通过其收益性、风险性和流动性，来判断它是否适合我们。

1.收益性。投资是为了获取高于无风险收益（在中国无风险收益率可视为 1 年定期存款利率）的收益率。结合我们的投资目标来分析，如果投资工具的收益率较低，就意味着需要投入更多资金或持有更长时间。因此若仅从收益的角度看，收益率越高，意味着能够以更少的资金、更短的时间实现目标。

2.风险性。投资工具的风险与收益不可分割。通常收益率越高的投资工具风险也越高，我们选择投资品时应该综合分析风险和收益。

3.流动性。指资产能够以一个合理的价格顺利变现的能力。如果你的资产全部是房产，要想以合理的价格卖出，往往需要花费较长的时间，流动性就比较差。

综合来看，基金主要投资于股票市场、债券市场和货币市场，相对于投资股票而言，其收益性略低，但风险也较低。通过对股票基金、混合基金、债券基金和货币基金的合理配置，能够实现养老、住房、子女教育等投资目标。同时基金的流动性也比较好，能够在需要用钱的时候及时变现，其中货币基金更有“流动性之王”的美誉。

关于成本：购买它需要我付出什么

投资品的成本不仅体现在购买它所需要支付的费用上，也体现在投资门槛上。比如风险收益较为稳健的信托是投资者喜爱的投资工具，但其投资门槛动辄百万元，是大众投资者可望而不可即的。相对而言，基金单笔申购门槛为 1000 份，如果以初始净值 1 元计算则为 1000 元。基金定投的门槛更低，有些基金公司基金定投的门槛仅为每月 100 元。

同时，基金在费用上虽然比股票高，但仍在可承受范围之内。如表 1-2 为嘉实增长混合基金的申购赎回费率，可作参考。此外，如果投资者在基金公司官方网站购买基金，还有可能享受到申购费率的优惠。

表 1-2 嘉实增长混合基金费率

基金申购费用		基金赎回费用	
申购金额（含申购费）	申购费率	持有期	赎回费率
100 万元以下	1.50%	1 年之内	0.50%
100 万元（含）~ 500 万元	1.20%	1 年（含）~ 2 年	0.25%
500 万元（含）以上	每笔 1000 元	2 年（含）以上	无

资料来源：嘉实基金。

关于便利性：投资它很方便吗

对大众投资者来说，投资的过程越简单越好。投资股票的难点，首先是选择具体的股票。上海证券交易所和深圳证券交易所的数据显示，沪市上市公司数量为 933

家[1]，深市上市公司数量为 1430 家[2]，要在了解这些公司的基础上选择股票，不仅需要复杂的技术分析，而且需要庞大的工作量，劳神费力。同时，投资者还要选择买卖股票的时机，难免要对经济周期、国家政策、行业等进行细致的分析，这也是大众投资者难以招架的。

相对于股票，基金公司有专业的投资研究团队进行上市公司和买卖时点的选择，所谓专业的人做专业的事，整体上看基金公司的投资研究是个人投资者难以比拟的。此外，基金定投也能够在一定程度上平抑申购成本，通过长期定投，能够帮助投资者分散择时风险。

除此之外，基金在交易上也十分便利。不熟悉互联网操作的中老年人可以到银行网点、证券公司网点购买基金，有专业的柜员或理财经理提供全程的购买指导；习惯使用互联网的年轻人可以通过基金公司网上直销、网上银行、证券公司官方网站和第三方代销机构网站等渠道购买基金，足不出户，便利快捷。

关于信息：我能够方便地了解关于它的信息吗

在监管的要求下，基金的投资操作公开透明，信息披露及时全面，这是相对于其他投资工具的优势之一。投资者通过基金公司官方网站和客户服务电话，能够及时查询基金净值、申购赎回等信息；通过定期的季报、半年报、年报等了解基金的投资情况；通过基金公司的投资策略报告，了解基金未来的投资方向。大部分基金公司还会通过电子邮件、短信、对账单等形式，让投资者及时了解基金和基金公司的情况。

---

1 截至 2012 年 3 月 8 日。

2 截至 2012 年 3 月 8 日。

除了基金公司，还可以通过第三方机构[1]了解基金信息，此外专业的财经网站[2]和专业的理财杂志[3]也提供丰富的基金信息。相对于其他投资工具，基金公司与投资者的沟通更具主动性，丰富的信息有助于投资者更全面地了解它。

回到本章核心的问题：什么才是适合大众的投资工具呢？首先，它应该有不错的收益性，能够较好地分散风险，并且具有较高的流动性；其次，它应该有较低的投资门槛，能够让更多的人参与，还要拥有合理的费率水平；再次，投资它应该很便利，降低投资者选择的难度，同时能够通过丰富的渠道买到它；最后，它不能太神秘，它的信息应该是公开透明的，既能够让大家明白它，又利于规范化的监督，这些信息还应该是容易获取的，投资者能够通过自己喜欢的方式去了解它……

综上所述，基金在这些方面做得都不错，是适合大众的投资工具。

1 如晨星、理柏、银河证券基金研究中心、天相投顾等。
2 如和讯财经、新浪财经、雅虎财经、东方财富网等。
3 如《钱经》、《投资与理财》、《大众理财》等。

【第2章】

基金投资八大误区

误区 1：过分追逐新基金

虽然新款商品往往比过季商品贵，但有经济实力的人却更愿意选择新款，因为人们不愿意让自己看上去不时尚，也往往认为新款商品在功能、质量等方面有所提升。但是，假如你用同样的思路选择基金，可能麻烦就会随之而来。

确实有不少投资者纠结于新老基金的问题，当然也有不少人对此并未关注。从未关注新老基金问题的投资者，一部分认为这没什么值得关注的，新老基金都一样；还有一部分则是真的从未考虑过这个问题。而在新老基金中难以选择的人，更多是能够朦胧地感觉到它们之间的不同，却又没办法说清楚，因此不知如何决策。

对此问题，我们不妨从基金的运作情况来分析。简单来讲，基金是投资者把钱交给基金公司，在基金公司投资研究团队的基础上，由某个或某几个基金经理来管理。他们把钱投向股票、债券和货币等市场以求获利。在这一过程中，投资者需要支付一定的费用，如图 2-1 所示。

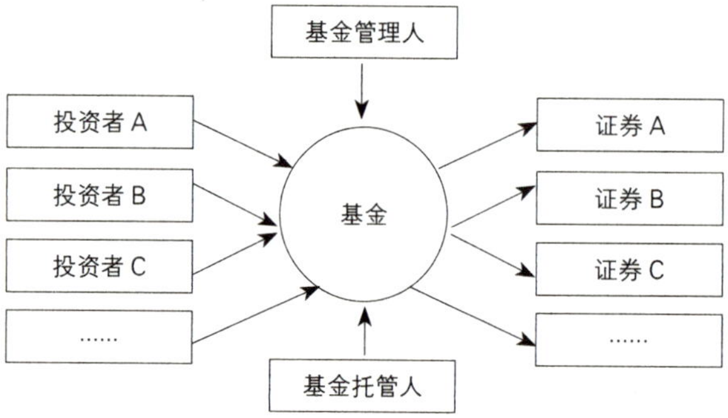

图 2-1 证券投资基金概念图示

也就是说，在政策、市场环境等因素不变的情况下，基金公司中参与你所购买的那只基金的投资团队的能力越强，意味着你在同类型基金中获取超额收益的概率越大。从这个角度看，新老基金没什么区别，如果新老基金的基金类型一样、产品设计思路一样、管理团队一样，甚至操作细节也一样，那么它们的业绩也应该不会有太大差别。

但是，这并不意味着不需要在新老基金中做选择。这里有一个关键的概念——建仓期[1]。通常来讲，基金的建仓期大概需要 3 ~ 6 个月，也就是说，在这段时间内，基金里面的股票、债券、现金等资产的比例始终在调整，在向着基金的投资策略靠近。比如一只新成立的沪深 300 指数基金，建仓期内，基金的股票仓位会不断向 95% 的目标靠近，但需要一定的时间。在这段时间里，如果市场处于整体上涨周期，那么其业绩必然不如老的沪深 300 指数基金。因此和那些成熟的老基金相比，新基金在刚刚成立时的业绩稳定性稍差。

此外，投资者在选择基金时，历史业绩是重要的参考因素之一。相对老基金而言，新基金的历史一片空白，缺乏参考价值。

当然，新基金也并非一无是处。有些新基金，其实是新瓶装老酒，因此不用理会。但也有一些新基金，带有明显的创新思维，甚至能够为投资者提供不同于其他基金的投资思路，这样的基金就值得关注，但同时也应该注意，创新的过程既伴随着收益的机会，也会伴随着风险，还需权衡决策。

整体上看，过分追逐新基金是不理智的。

1 新发行基金募集完毕之后会有一个建仓期，即配置投资股票、债券等。具体建仓的时间长短由基金公司根据各方面考虑后确定。

误区 2：不问资产多寡，一律进行资产配置

都说不要把鸡蛋放在一个篮子里，前提是你的鸡蛋足够多。如果你的全部鸡蛋还不够塞满最小的篮子，那么不如就放在同一个篮子里，并专心照顾好它。

资产配置是资产管理的重要内容。国内外的研究数据显示，在长期投资回报中，资产配置的贡献度高于股票和买卖时机的选择，如表 2-1 所示。

表 2-1 战略性资产配置对同一基金在时间序列上的业绩差异的解释程度

R^2	Brinson（1986）[1]	Brinson（1991）[2]	IK 共同基金[3]	IK 养老基金[4]	中国证券投资基金[5]
中位数	93.6%	91.5%	81.4%	88.0%	88.6%
平均值	—	—	87.6%	90.7%	90.31%

资料来源：《当代经济》2010 年 2 月（下）。

资产配置的重要作用在于，高收益低风险的单一类型资产是不存在的，资产的收益与风险总是呈现同向变化。但是当不同的资产配置在一起时，投资组合的风险收益特征就会发生变化，利用不同资产之间的负相关性或弱相关性，能够有效分散一部分风险，进而让资产组合具有风险较低且收益较高的特征。不过投资者要清楚，

1 Brinson、Hood 和 Beebower 在 1986 年分析美国 91 家大型养老基金在 1974—1983 年的数据。
2 Brinson、D.Singer 和 Beebower 在 1991 年论证 1986 年的分析，基于 1977—1987 年的数据。
3 Ibboston 和 Kaplan 在 2000 年分析美国 94 只共同基金数据。
4 Ibboston 和 Kaplan 在 2000 年分析美国 58 只养老基金数据。
5 2006 年 1 月 1 日至 2009 年 9 月 30 日中国境内 45 只股票型开放式基金为研究样本。

虽然资产配置很神奇，但并不适合所有投资者。

首先，从资产配置的定义中不难看出，投资者需要同时持有多类资产，然而每一类资产都有其购买门槛和费用，比如境内银行理财产品的门槛一般为 5 万元，信托产品的门槛一般为 100 万元，股票最少买 100 股，基金单笔申购最少 1000 份……从客观上说，大众投资者实现真正意义上的资产配置是存在难度的。

其次，同时持有多类资产，必然需要投资者付出更多的时间和精力，也需要对所持有的资产进行更详细的了解，这不太符合大众投资者的实际情况。而要想节省自己的时间和精力，只能聘请专业的投资顾问，但成本也会随之增加，如果家业还没大到请佣人雇管家的份儿上，聘请专业的投资顾问也不太实际。

再次，大众投资者的投资需求可以分为众多层次，并且在满足需求的过程中存在一定的先后顺序，如图 2-2 所示。

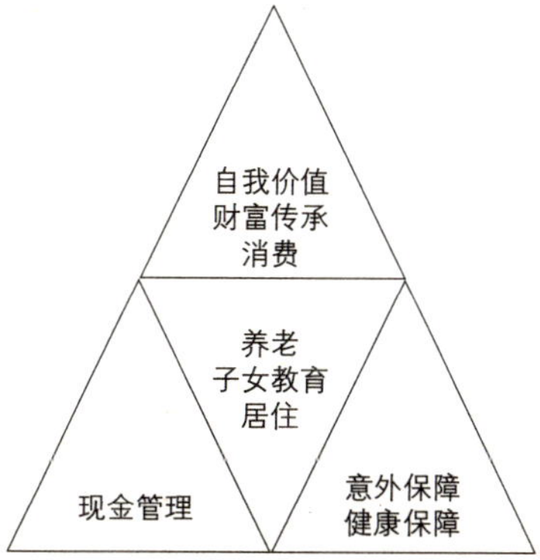

图 2-2 大众投资者的投资需求金字塔

在图 2-2 中，位于金字塔底端的是现金需求和保障需求，前者指的是家庭拥有的现金流，有足够的应急备用金，后者指的是已经构筑了完善的保障计划。对大众家庭来说，这是基础，但现实是“月光家庭”和“无保家庭”依然很多。在满足了现金需求和保障需求后，家庭理财目标开始向居住、子女教育和养老需求转移，这三项大众家庭普遍存在的需求，在时间维度上存在先后顺序，在目标资金上也都不是小数目。事实上，不少家庭实现这三个理财目标都存在较大的难度；满足衣食住行等基本需求后，才是提高消费水平、财富传承和自我价值实现等需求，它们位于金字塔的顶端，从效用上看也是最后才考虑的层次。

从金字塔的底端到顶端，可投资的资产类型变得越来越多，资产配置的重要性也越来越高。而在基础的理财需求上，或者是实现单一目标的理财需求上，资产配置的必要性并不高，这些需求通过单一类型的资产就能够较好地满足。

综合来看，资产配置显然不适合所有人。正如本书第 3 章所讲的，“穷人重增值，富人重配置”，在资产规模没有达到一定量级的时候，投资者还是应该专注于一两类资产，并照顾好它。

误区3：卖出赚钱好基金，死扛赔钱烂基金

如果股票跌了，耐心等一等可能还会涨回来。但如果你的基金比同类型基金跌得多，最好就别等了，因为很可能越等越糟糕。

投资不仅是一件能够赚钱的事，还是一件能够让人获得满足感的事。满足感是可以量化的，其简化的计算公式可表示如下：

$$\text{满足感} = \frac{\text{实际收益}}{\text{期望收益}}$$

举例来说，假设你在购买之前，对基金的期望收益是1年增长5%，而在实际持有的1年中，它上涨了10%，那么你的满足感就大于1，你就会感到喜悦；相反，如果1年中基金只上涨了2.5%，那么你难免有些不高兴。

大多数人买入一项资产时，其期望都是建立在正收益的前提下的，也就是预期一项投资是会赚钱的。但现实却是没人能保证它一定赚钱，而一旦出现亏损，就意味着实际收益低于期望收益，投资者就会沮丧，甚至是痛苦。关于喜悦或悲伤的形容词，是对实际收益和期望收益比值的情感描述，这也是投资能够给人带来喜怒哀乐的原因。

问题来了：假设你同时购买了两只同类型的基金，持有1年后，1只基金盈利10%，1只基金亏损10%，如果你此时要卖出1只，你会如何选择？

因为卖出盈利的基金能够体会到赚钱的喜悦，卖出亏损的基金会带来亏损的悲伤，而人们往往更倾向于获得喜悦，所以通常会卖出赚钱的基金。你是否也会这样

决策呢？如果是的话就要当心了。

如果两只基金的类型相同，在相同的周期内出现了业绩的差异，很可能是投资管理团队的策略和操作导致的。如果在一个较长的周期内，一只基金的业绩始终较差，其投资管理团队的实力可能较弱，这样的基金不值得长期持有。相反的，那些业绩表现出色的基金更适合长期持有。因此如果要卖出基金的话，更应该选择卖出亏损的基金，而不是盈利的。

卖出盈利的基金，虽然看上去是赚了钱，但也失去了未来持续上涨的机会；留下亏损的基金，虽然看上去是浮亏，但它更有可能在未来持续表现欠佳，与持有业绩表现好的同类型基金相比，差距越来越大。

此外，如果投资者买的是股票，若只考虑交易因素，股票价格跌至一定程度时，其投资价值就会显现，会有更多的投资者购买这只股票，其价格在未来就会上涨。但这完全不适用于基金。投资者购买基金，持有的是基金份额，而基金的份额净值并不会因为买的人多就发生显著变化，基金净值下跌，也不是等一等就会上涨回来的。

投资者应切忌卖出赚钱的好基金，留下赔钱的烂基金。在这个过程中要克服心理因素的影响，明白什么样的基金更值得持有。

误区 4：盲目买卖基金

投资基金，千万别一冲动就买，再一冲动就卖。找到好基金需要时间和技巧，判断已经购买的基金够不够好同样如此。盲目买卖，更多时候留给你的只能是不断的懊悔。

对投资者一生影响最大的投资往往是长期规划，比如住房、养老和子女教育。面对这些长期需求，规划的合理性固然重要，实施规划的稳定性同样重要。为了保持长期投资规划的稳定性，就不能随意买入或卖出基金。

在确定了理财规划后，如何在某一基金类型中选择具体的基金，可以从以下三个方面来分析。

基金历史业绩

虽然基金是无形的，我们也不能准确判断其未来的收益情况，但是可以通过对其历史业绩进行分析，来判断它在同类型基金中的表现是否出色。一般来说，投资者需要观察基金在过去 1 年、3 年、5 年乃至更长周期的历史业绩。如果在这些观察周期内，基金业绩始终能够在同类型基金中排名前 1/3，那么基本上可以得出结论——这只基金做得不错。

基金公司

基金公司就是基金的品牌。就像买其他商品一样，如果你并不能够通过技术细节判断基金的优劣，那么不妨从品牌入手，因为优秀的品牌往往是实力的象征。在基金的运作中，基金公司的投资研究能力直接影响基金业绩，综合能力出众、品牌好的基金公司，投资研究的整体实力也较强，旗下基金的表现一般不会太差。

基金经理

基金经理对基金业绩的影响举足轻重。打个比方，基金经理更像是服装设计师或建筑师，优秀的基金经理有着自己的投资理念和技巧，其管理的基金也往往受人青睐。

经过上述三方面的分析，相信你能够找到符合要求的基金了。接下来，在卖出基金时又该如何避免盲目呢？投资者不妨再问自己两个问题。

基金变了吗

在选择买入基金时，投资者从基金历史业绩、基金公司和基金经理等方面进行了分析，而在卖出时，同样需要考虑这几个方面的因素。如果持有一段时间后，基金的历史业绩依然出色，基金公司也没有出现重大问题，同时也没有更换基金经理，那么真的有必要卖出这只基金吗？

我变了吗

要卖出基金，还有一种可能性，就是投资者自身发生变化，包括风险承受能力、投资目标，以及相应的资产配置变化。例如，投资者更换了更稳定的工作，可视为风险承受能力增加，因此可调高基金组合的风险程度；或者投资者的购房、子女教育等需求的目标金额发生变化，需要调整基金组合与之相适应；又或者遇到突发事件，急需现金……但如果这些都没有，那么真的有必要卖出这只基金吗？

讲到这里，相信你已经有了答案。对长期规划来说，稳定性非常重要。买入或卖出一只基金，都会使基金组合的风险收益特征发生变化，也会影响整体的稳定性。因此，买卖基金之前一定要慎重。

误区 5：赶时髦

赶时髦是一把双刃剑，你可能会成为潮流的受益者，也可能会成为冒险的小白鼠。没错，赶时髦是有风险的，如果你主要的投资目标都和人生的重大事件相关，那么建议你尽量规避这些风险。

赶时髦是一把双刃剑，你可能会成为潮流的受益者，也可能会成为冒险的白老鼠。没错，赶时髦是有风险的，如果你主要的投资目标都和人生的重大事件相关，那么建议你尽量规避这些风险。

即便是金融业内人士，也认为这是一个创新力极强的行业。金融业的发展十分迅速，新产品、新服务层出不穷，就连业内人士也需要不断学习，不断接触先进的理念，完善自己的知识结构。如果你只是一位普通的投资者，要跟上这样的速度并不是件容易事。

案例 2-1

陈卫东（化名）有三四年的炒股经历，是名职业投资者。他属于技术派，善于用概率分析问题，炒股的业绩还算不错。2010 年，股市没什么机会，于是他开始关注股指期货，这在当时还是件新鲜事。

陈卫东算得上谨慎。为了熟悉股指期货，他先开了个商品期货账户，投入几万元小试牛刀，熟悉 T+0 和保证金交易。大约半年后，他用 50 万元杀入股指期货市场，刚开始每个月都能赚两三万元，但渐渐就觉得乏力，到年底的时候竟然一下子赔了十几万元。此后，他的交易也慢慢变少，最后淡出了股指期货市场。

后来他反思，股票和股指期货差异很大，股指期货门槛高，占用资金量大，做一手保证金就是十几万元。由于资金的限制，自己又不能做大行情，并且长期炒股形成了思维定式，一时间很难转变。

案例 2-1 中的陈卫东算是具有一定投资经验的投资者，长期以来对股市颇有研究，而即便如此，面对新鲜的股指期货，就算他做足了准备工作，并以商品期货试水，但最终还是难以应付。可见，赶时髦的风险非常大。然而不少投资者往往忽视了这种风险。

比如2007年首次发售的QDII基金。当时见诸媒体的信息多是“全球资产配置”的字眼，不少投资者也相信了这个概念，争先恐后地购买。不巧的是，全球金融危机爆发，全球股市下跌，首批QDII基金出师不利。而因为业绩下跌，媒体和舆论才开始关注QDII基金的投资方向，此时才清楚了并非所有QDII基金都是名副其实的“全球资产配置”，更多仅仅是局限于某一个或少数几个市场，如中国香港市场、亚洲市场等。

我们要说的，不是QDII基金在2008年的业绩表现，而是2007年QDII还是时髦基金时，大部分投资者，包括媒体和舆论都没有认真研究其投资的标的市场。对于一只基金，如果投资者不知道它将投向什么市场，的确非常可怕，因为这代表着你根本不知道这只基金将要做什么，甚至不能够确定它是否应该出现在你的基金组合中。

金融市场需要创新，投资者也需要创新的产品，这毋庸置疑。但是对投资者来说，赶时髦的前提是你要足够了解它，了解它在你的资产配置中的价值，了解它能够为你实现理财目标提供什么样的帮助。如果你做不到这些，还是离时髦远点好，多给自己一些时间去观察它，要比糊里糊涂地买卖强得多，不是吗?

误区 6：把基金当股票操作

基金和股票的区别可不仅仅体现在名称上，如果你认为基金也是用来“炒”的，那就要小心了！因为高昂的成本会让原本不错的收益荡然无存。

基金和股票的区别可不仅仅体现在名称上，如果你认为基金也是用来“炒”的，那就要小心了！因为高昂的成本会让原本不错的收益荡然无存。

中国投资者接触股票的时间整体上要早于基金，因此不少投资者都会用炒股的方式来操作基金，殊不知有些方式并不适合。

炒基金

所谓“炒”股，其重要的表现就是快，一进一出赚取差价，讲求的是效率。不过这个“炒”字可不适用于基金。其中重要的原因，是基金的费用要比股票高，如果频繁操作基金，成本会非常高，如表 2-2 和表 2-3 所示。

表 2-2 A 股股票交易费率

费用项目	费用标准	最终收费单位
佣金	不超过成交金额的 0.3%，起点 5 元	投资者交证券公司
过户费	成交面额的 0.1 %，起点 1 元	投资者交登记结算公司
印花税	成交金额的 0.1%（出让方单边缴纳）	投资者交税务机关（上证所代收）

资料来源：上海证券交易所。

表 2-3 嘉实研究精选股票费率

管理费	托管费	认购费		申购费		赎回费	
		认购金额（含认购费）	认购费率	申购金额（含申购费）	申购费率	持有期	赎回费率
1.50%	0.25%	50 万元以下	1.20%	50 万元以下	1.50%	1 年之内	0.50%
		50 万元（含）~ 200 万元	1.00%	50 万元（含）~ 200 万元	1.20%	1 年（含）~ 2 年	0.25%
		200 万元（含）~ 500 万元	0.60%	200 万元（含）~ 500 万元	0.80%	2 年（含）以上	无
		500 万元（含）以上	1000 元	500 万元（含）以上	每笔 1000 元		

资料来源：嘉实基金。

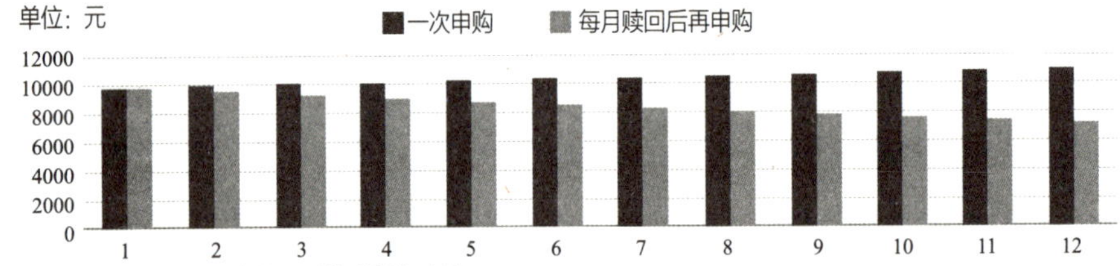

说明：本图仅供参考，不构成投资建议。

图 2-3 基金频繁操作影响收益示意图

如图 2-3 所示，假设某基金的年化收益率为 12%，现有 A、B 两种操作方式，A 为申购某股票基金，持有 12 个月；B 为在 12 个月中每月申购、赎回 1 次相同的基金。可以看出，12 个月后 A 方式为正收益；而因为高昂的费用，B 方式一直在亏钱，而且越亏越多。投资者买卖基金的频率越高，付出的成本越高，因此基金是不适合“炒”的。

买贱不买贵

在判断股票的投资价值时，一个常见的指标是市盈率[1]，其计算公式如下：

$$\text{市盈率} = \frac{\text{股票价格}}{\text{每股收益}^{2}}$$

1 指在一个考察期（通常为 12 个月的时间）内，股票的价格和每股收益的比例。
2 指税后利润与股本总数的比率。

每股收益是综合反映公司获利能力的重要指标，从公式不难看出，如果在每股收益不变的情况下，由于交易等因素，股票价格越低，市盈率就越低，说明股票的投资价值相对越高。因此，股票投资者可以采取低买高卖的方式来获取收益。

基金与股票不同，基金净值的高低，并不直接反映基金的投资价值。基金净值的计算公式如下：

$$\text{基金净值}=\frac{\text{基金总资产}^{1}-\text{基金总负债每股收益}^{2}}{\text{基金份额总数}}$$

通俗讲，基金净值反映的是基金资产规模和基金份额规模的比值，基金净值的上涨与下跌和投资者的交易不存在直接联系，导致基金净值下跌的原因，可以是证券市场的下跌、基金管理人的操作、基金分红等。

需要注意的是，基金的累计净值[3]能够在一定程度上反映基金的投资管理能力。假设 A、B 两只基金同时成立，并且基金类型相同，投资理念一致。在一定的考察周期内，如果 A 的累计净值高于 B，则说明 A 基金的收益较高，投资管理能力较强。

总体来讲，股票价格和基金净值不是相同的概念，不能以股票的交易思路来买卖基金。

过分关注短期业绩

与个人炒股的思路不同，基金经理和投资研究团队的视角更加宏观，通常是在一定的投资理念下，以全盘布局、提前布局的方式来进行资产配置，而资产配置的主要目的是分散风险，同时获得理想的收益。从资产配置对投资组合收益的贡献上看，

1 指基金拥有的所有资产（包括股票、债券、银行存款和其他有价证券等）按照公允价格计算的资产总额。
2 指基金运作及融资时所形成的负债，包括应付给他人的各项费用，应付资金利息等。
3 基金单位净值与基金成立后历次累计单位派息金额的总和，反映该基金自成立以来的所有收益的数据。

投资时间越长，资产配置的贡献越大，因此过分关注基金的短期业绩是没有意义的。这就等于你做好了长跑的准备，却用短跑的标准去衡量，是不适合的。

分红就是好基金

与上市公司的分红不同，基金的分红，是将投资收益的一部分以红利的形式派发给持有人，因此基金是否分红，对投资者的收益没有影响，其影响的是基金公司的资产管理规模和基金净值。所以基金投资者无需过分关注分红，并且对长期投资来说，反而更适合采取红利再投资的方式，通过复利效应来增强投资效果。

误区 7：只买不卖

长期投资和长期持有是不同的概念。如果在确定了基金组合后，死板地采取长期持有的策略，那么投资规划很可能与投资目标发生偏离。

投资理财的概念很多，对大众投资者来说，将这些概念混淆也是常有的事情。中国投资者信奉长期持有的理念，多数源自于对价值投资的不完整理解。相信你一定听说过投资大师沃伦·巴菲特长期持有可口可乐股票的故事，这种富有传奇色彩的投资案例总是让人津津乐道。

长期持有是买入一项具有增值前景的资产，通过持有较长的周期实现增值；而长期投资是将长期投资规划付诸实践的过程。也就是说，在长期投资规划中，配置的各项资产要随着时间、市场、产品和投资者自身情况等因素而不断调整。体现在基金投资上，长期持有是申购一只基金或一个基金组合后，不再进行其他的操作；而长期投资是在持有基金组合的过程中，配以适当的调整。

长期投资与长期持有的差异，更多体现在基金组合调整的必要性上。那么问题是：调整基金组合是必要的吗？

如表 2 - 4 所示。假设投资者为了实现某个投资目标，配置了 A、B 两种资产，比例为 6：4。第 1 年，A 资产上涨了 50%，B 资产下跌了 5%；第 2 年，A 资产下跌了 50%，B 资产上涨了 5%。那么，第 1 年年末是否进行调整，会产生什么样的差别呢？

A 资产的风险收益特征高于 B 资产，如果以 A 资产代指股票基金，B 资产代指债券基金，即在股票市场上涨的第 1 年，A 上涨了 50%，而由于债券市场和股票市

表 2-4 是否调整基金组合的差异

		原始资金	原始比例	1 年后	未调整资金	未调整比例	持有 2 年
未调整	A 资产	6000 元	60%	9000 元	9000 元	70%	4500 元
	B 资产	4000 元	40%	3800 元	3800 元	30%	3990 元
	合计	10000 元	—	12800 元	12800 元	—	8490 元
		原始资金	**原始比例**	**1 年后**	**调整后资金**	**调整后比例**	**持有 2 年**
调整	A 资产	6000 元	60%	9000 元	7680 元	60%	3840 元
	B 资产	4000 元	40%	3800 元	5120 元	40%	5376 元
	合计	10000 元	—	12800 元	12800 元	—	9216 元

说明：本表仅供参考，不构成投资建议。

场呈现负相关关系，B 下跌了 5%。经过这样的涨跌后，A、B 两只基金在基金组合中的比例发生了变化，由 6∶4 变成了 7∶3，基金组合的风险程度增加，并且有可能高于投资者的风险承受能力。

在第 2 年，股票市场下跌，债券市场上涨。如果维持 A 和 B 两只基金 7∶3 的比例不做调整，那么基金组合将下跌更多，第 2 年末总资产为 8490 元；但如果第 1 年末将 A、B 基金的比例人为调整为 6∶4，即卖出一部分 A 基金，买入一部分 B 基金，就会降低基金组合的风险程度，遇到市场下跌时，就可以减少损失，计算结果中的 9216 元虽然同样是亏损，但是已经规避了一部分风险。

现实中各类资产的涨跌情况要比模型复杂得多，基金组合中各类型基金的比例时刻在变化，如果只采用长期持有的策略，随着时间的增长，基金组合的风险收益特征将会发生重大变化，也就不再适合投资者的投资目标与风险承受能力。所以，基金投资不仅要会买，还要会卖，在一个合理的周期（通常可为 1 年或半年），对基金组合进行调整。

误区 8：赎回基金就是结束

基金的买卖以申购开始，以赎回结束，但这并不代表投资理财的起点和终点。赎回基金赚钱后，如果并不需要用来支付购房款、学费等必要花销，还是想想如何让它继续增值，千万别随便花光。

投资者卖出基金大致有几种情况：一是实现了预期收益，卖出基金落袋为安；二是基金业绩不理想，卖了它买别的；三是认为继续持有会使风险增加，所以卖出基金规避风险；四是需要用钱；当然也包括调整基金组合时进行的卖出。综合来看，只有第一种情况没有对资金进行进一步的安排。

投资获利后，选择消费会让赚来的钱很快花光，而落袋为安的代价则是资产的持续贬值。同样的 200 万元，5 年前能在北京、上海等大城市的市区买一套非常不错的房子，但如果在银行里存上 5 年，同样档次的房子依然可以买到，只不过要到远郊区去买了。如果你认为房子是特例，那么还可以告诉你：5 年前读名牌大学 MBA 只需要七八万元，如今这个价格已经飙涨到十几万元；5 年前的汽油每升四五块钱，现在已经涨到了七八块钱；5 年时间里，一瓶可口可乐的价格没有变化，但瓶子越来越小……物价上涨的压力就在身边，今天的一笔“巨款”，几年后可能算不了什么。所以，如果你投资基金赚了钱，当务之急不是去想着怎么花掉它，而是如何保住它。

假设以年均 5% 的物价上涨速度计算，现在 100 万元的购买力仅相当于 10 年后的 61.39 万元，缩水幅度高达 38.61%。面对这样的数字，相信谁都会感到压力

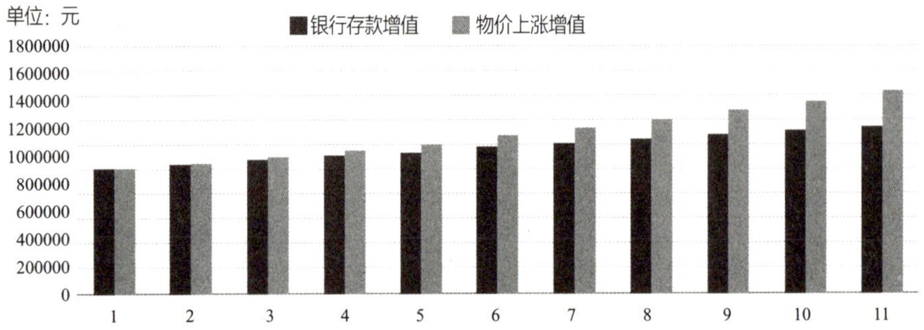

图 2-4 物价上涨量高于银行存款增量[1]

不小。所以，即便你的基金投资赚了钱，赎回它也不是理财规划的完结，未来还有更长的路要走。

1 指在一个考察期（通常为 12 个月的时间）内，股票的价格和每股收益的比例。

【第3章】

爱嘉定投入门

什么是基金

它的历史超过百年。1868 年诞生于英国的“海外及殖民地政府信托”是它的雏形；20 世纪，它的舞台转移到美国并在此盛行；20 世纪 90 年代，它开始了在中国的征程。证监会数据显示，截至 2011 年年底，它在中国发展到 69 家公司，共拥有 915 只产品，销售机构包括 59 家商业银行、94 家证券公司，以及 1 家咨询机构。这里所有的描述说的都是基金，一种常见的理财产品。

说基金常见，是因为我们在银行网点和网络、媒体上常常看到基金推介，因为我们见证过 2006 年的全民基金热，也因为基金定投的门槛最低只要 100 元，基金是一款具有高度普适性的投资产品。但是，常见并不等于我们真的了解基金，知道它的特质有哪些，知道它是如何运作的，知道它是如何计算费用以及如何实现盈利的。

这才是基金

基金不是商品券，不可以直接兑换消费品；基金不是大宗商品，不能直接投入生产消费链条；基金不是所有权凭证，持有基金不代表拥有股东权利……要想弄明白一个事物到底是怎么一回事，其“概念”恐怕是最精炼，也是最准确的语言。

名词解释

证券投资基金，是指通过发售基金份额，将众多投资者的资金集中起来，形成独立财产，由基金托管人托管，基金管理人管理，以投资组合的方式进行证券投资的一种利益分享、风险共担的集合投资方式。

将概念分解，我们提出其中的几个关键词来逐一分析：集中、独立、证券投资。

“集中”，反映出基金具有集合理财的特点，众多投资者将资金委托给专业基金管理人进行投资，这样做的好处是积少成多，能够更好地发挥资金的规模优势，降低投资成本。

“独立”，说明基金募集到的资金在法律上具有独立性，由选定的托管人，比如商业银行进行保管，基金管理人只负责投资操作，并不涉足财产保管部分，资金安全更具保障。

“证券投资”，表明基金是一种间接的投资工具，投向有价证券等金融工具，而不是像股票或债券那样，直接投向实业领域。另外，基金所反映出的经济关系是一种信托关系，一种受益凭证，我们购买基金份额以后，就成为基金的受益人。不同的是，股票反映所有权关系，持有者是一家公司的股东，债券反映债权债务关系，持有者是一家公司的债权人。

最通俗的解释，买基金，好比一群人，每个人拿出一些钱，聘请专家利用专业知识帮大家炒股票、买债券等，赚到钱大家一起分，赔钱也要一起承担。

基金是这样运作的

在基金的运作过程中，包含了市场营销、基金募集、基金投资管理、基金资产托管、基金份额登记、基金估值与会计核算、基金信息披露以及其他基金运作活动在内的所有相关环节。基金市场服务机构、基金监管机构和自律组织、基金当事人是最主要的参与主体，在运作环节中各自肩负着不同的职责和作用。

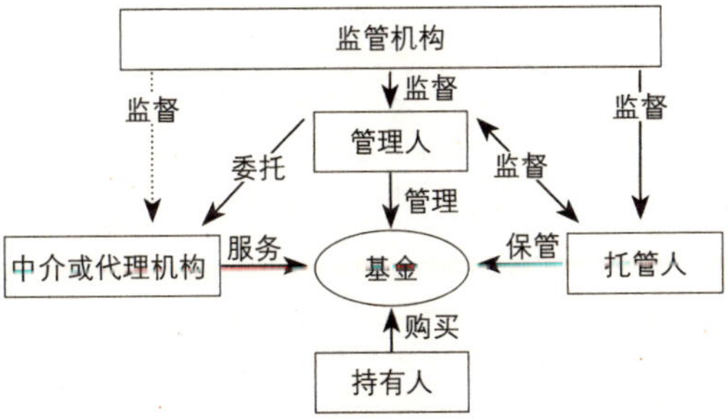

资料来源：证券业协会。

图 3-1 基金运作关系简图

从图3-1中可以看到，基金持有人、基金托管人以及基金管理人是基金的当事人，其中，基金托管人的职责主要体现在基金资产保管、基金资金清算、会计复核以及对基金投资运作的监督等方面；而基金管理人最主要的职责是负责基金资产的投资运作。在具体的投资环节，同样有着一套严密的流程。以嘉实基金为例，图3-2展示的是其股票投资流程和债券投资流程。

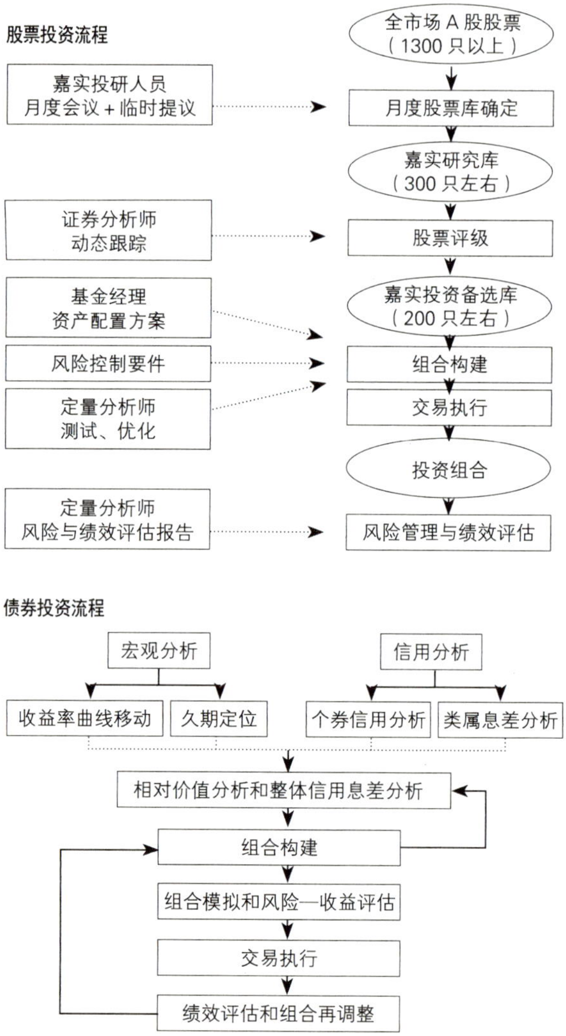

资料来源：嘉实基金。

图3-2 股票与债券投资流程

基金的费用有哪些

基金的费用主要由两部分组成，一是买卖基金的申赎费用，一是基金的运作费用。其中，封闭式基金较为特殊，在交易所买卖这一类型的基金，只需支付交易佣金，为成交金额的 0.25%，不足 5 元的按照 5 元收取。开放式基金的费用结构相对复杂，如图 3-3 所示。

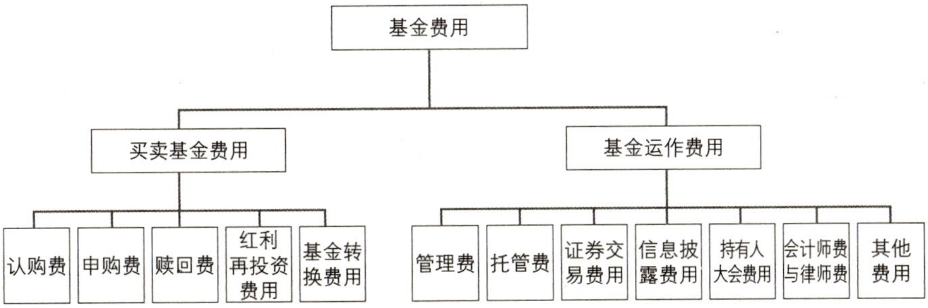

资料来源：中国证监会。

图 3-3 开放式基金的费用结构

一般来说，同类型基金的申赎费用差别不大，而运作费用则差距较大，尤其是从基金资产中列支的部分，支出的高低会直接影响投资者的收益。表 3-1 中列出了开放式基金的交易费用情况，目前多数基金公司不收取红利再投费用，基金转换费用由申购费补差和赎回费补差两部分构成，与基金类型和申赎费率有关，其他运作费用也要视具体情况而定，所以此处只列出了五项费用。

表 3-1 开放式基金的交易费用

基金交易费用	认购费	1% ~ 2%
	申购费	1% ~ 2%
	赎回费	0.5%
	管理费	1% ~ 1.5%
	托管费	0.25%

【Tips】

可以从基金财产中列支的费用包括:

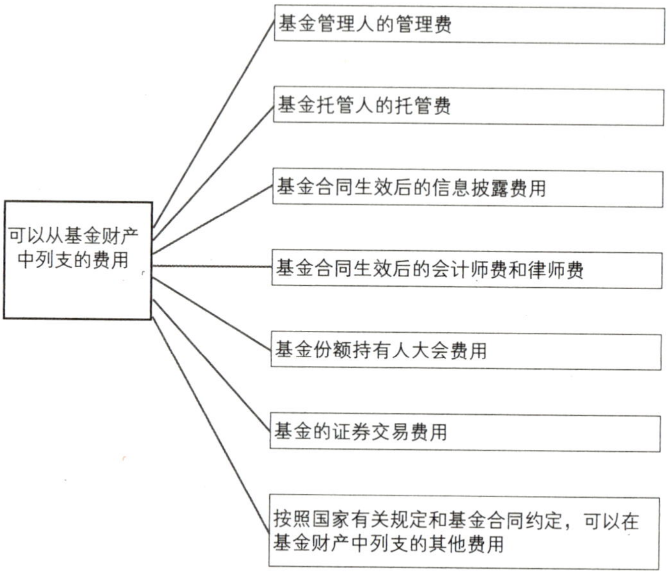

基金的特质

想要真正了解基金，还需要找参照物来帮忙才行，“比较”会让我们头脑中对基金的印象更加清晰。

1．基金的投资门槛较低。

相较其他投资方式而言，基金的投资门槛较低，一次性投资的门槛是 1000 元，

表 3-2 常见投资方式的投资门槛对比

投资方式	信托	股指期货	商品期货	银行理财产品	纸黄金	基金	股票	基金定投	国债
投资门槛	100 万元	50 万元	10 万元	5 万元	10 克黄金	1000 元	1 手 =100 股	100 元	100 元

资料来源：《钱经》整理。

定投的门槛随销售渠道和基金公司的不同而有所差异，目前最低的门槛为 100 元，投资者可以根据自身的风险承受能力、资产数量等条件，灵活选择投入金额的大小。

2. 基金的风险收益水平适中。

表 3-3 常见投资方式的“三性”对比

投资方式	信托	期货	银行理财产品	黄金	基金	股票	国债
收益性	★★★	★★★★☆	★★☆	★★★	★★★☆	★★★★	★★
安全性	★★★☆	★	★★★☆	★★★	★★★	★★	★★★★
流动性	★★☆	★★★☆	★★★	★★★	★★★★	★★★★	★★★

资料来源：《钱经》整理。

对收益性、安全性与流动性的综合考量，是一个投资行为能否成功的关键，三者缺一不可。在表 3-3 的对比中不难发现，基金是一种风险适中、收益较高、流动性很好的投资产品。

基金族谱要分清

我国证券投资基金一共有多少只？截至 2011 年年底，据证监会统计，共有 915 只；据银河证券统计，共有 1079 只。两个数据都是正确的，可是，为什么会出现这种差异？另一方面，我们在申购基金的时候，会遇到同一个名字的基金，却分为 A 类与 B 类的情况，这又是为什么呢？想弄清楚这两个问题，还要从分清基金族谱开始。

无论是 915 只还是 1079 只，在如此众多的基金中挑选适合自己的产品可不是一件轻松的事情，要综合考量风险收益情况、投资风格、投资市场等要素。弄清楚基金族谱的情况，会帮我们省去很多麻烦。第一步要做的，是将基金进行分类。

基金分类标准多

按照一定的标准，将所有基金分到不同的盒子里面，再贴上能够代表这一类基

表 3-4 不同标准下的基金分类

分类标准	基金类型						
运作方式	封闭式基金			开放式基金			
法律形式	契约型基金			公司型基金			
投资理念	主动型基金			被动（指数）型基金			
募集方式	公募基金			私募基金			
资金来源与用途	在岸基金			离岸基金			
投资目标	增长型基金		收入型基金		平衡型基金		
投资对象	股票型基金		债券型基金		货币市场型基金		混合型基金
特殊类型	系列基金	基金中的基金	保本基金	交易型开放式指数基金（ETF）	上市开放式基金（LOF）	QDII 基金	分级基金

金特点的标签，这有点像我们在家里，将上衣、裤子、鞋袜等物品进行分类整理。

分类的好处是，帮助我们将搜索范围缩到最小，不同的是，随着分类标准的不同，基金族谱的情况要复杂得多。

分类标准虽不同，但并不是互相排斥的，也就是说，一只基金可能同时分属于几个盒子。以嘉实优质企业股票基金为例，从招募说明书上可以看到，该基金属于公募基金、契约型基金、开放式基金、股票型基金。

梳理基金族谱

我们以常用分类标准为线索，来分别梳理基金族谱。

表 3-5 封闭式基金与开放式基金的主要区别

对比项＼分类	开放式基金	封闭式基金
基金规模	规模随申购赎回数量而变	合同期内基金规模不变
存续期限	无限定存续期限	有明确存续期限，不少于 5 年，目前大多在 15 年左右
交易双方	投资者与基金管理人	募集成功后，交易在投资者之间完成
价格形成方式	以基金份额净值为基础	主要受二级市场供求关系影响
净值公布时间	每个交易日	每周或更长时间
基金的投资策略	份额不固定，基金公司需要保持基金资产的流动性	基金规模固定，基金公司偏重制定长期投资策略

1924 年“马萨诸塞投资信托基金”在美国成立，这是世界上第一只开放式基金，在此之前，基本是封闭式基金的天下。2002 年 8 月，我国共有 54 只封闭式基金，但由于一直处于高折价交易状态，封闭式基金的发展陷入停滞状态，截至 2011 年年底，我国共有封闭式基金 55 只，开放式基金 964 只。

本书所讲的证券投资基金，如果没有特殊说明，均为公募基金。公募基金门槛为 1000 元，定投门槛最低 100 元起，操作透明度高，受监管约束较强，更适合多数投资者参与。

表 3-6 公募基金与私募基金的主要区别

分类 对比项	公募基金	私募基金
募集方式	面向社会公开募集	非公开募集发售和宣传推广
募集对象	社会公众，募集对象不固定	面向特定投资者，目前最低门槛为 30 万元人民币
信息披露程度	按监管要求进行信息披露	信息披露不完善，受政府监管较少
操作灵活性	根据所属基金类型，投资标的和比例受到限制	可进行买空卖空交易，参与汇率、商品期货投机交易等，受约束较小

表 3-7 增长型、收入型与平衡型基金的主要区别

分类 对比项	增长型	收入型	平衡型
风险收益程度	高	低	中
基本目标	追求资本增值	追求稳定的经常性收入	既注重资本增值又注重当期收入
投资目标	主要以具有良好增长潜力的股票为投资对象	主要以大盘蓝筹股、公司债、政府债券等稳定收益的证券为投资对象	主要投资于债券、优先股和部分普通股，这些有价证券在投资组合中有比较稳定的比例，一般 25% ~ 50% 用于优先股和债券，其余的用于普通股投资。

虽然基金分类的方法有很多种，但最常见的还是以“主要投资对象”为标准，分为股票型、债券型、货币市场型、混合型四大基本类型。

表 3-8 四大基本类型基金

分类 对比项	股票型	债券型	货币市场型	混合型
主要投资对象	60% 以上资产投资于股票	80% 以上资产投资于债券	货币市场工具	股票、债券、货币市场工具
风险收益特征	较高	适中	较低	偏股型、灵活配置型较高；股债平衡型适中；偏债型较低
投资风险	系统性风险、非系统性风险、管理运作风险	利率风险、信用风险、提前赎回风险、通货膨胀风险	利率风险、购买力风险、信用风险、流动性风险	取决于股票与债券的配置比例
基金数量（只）	434	206	79	194

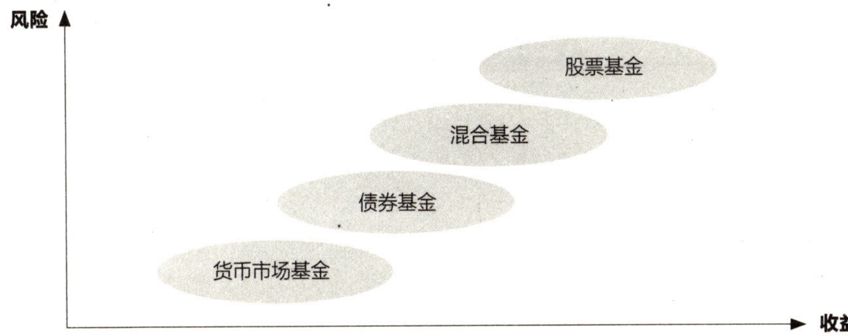

图 3-4 四大基本类型基金风险收益程度

除了这四类以外，随着基金产品的不断创新和丰富，保本型、指数型、QDII 基金也成为投资者的主要选择。从图 3-5 可以看出，七种常见基金类型近几年的收益情况。

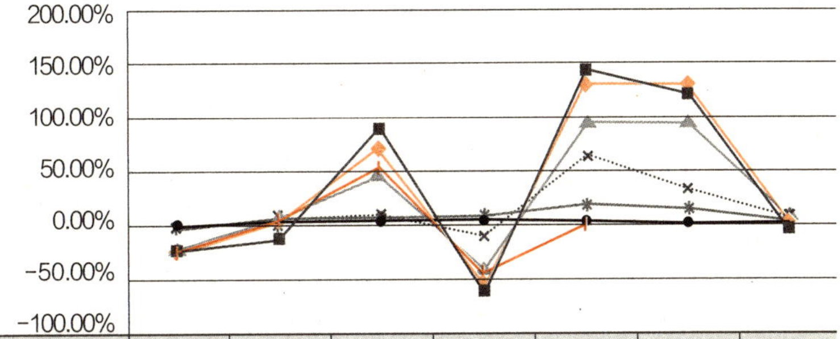

	2011 年	2010 年	2009 年	2008 年	2007 年	2006 年	2005 年
标准股票型基金	-24.96%	2.89%	71.57%	-51.76%	132.78%	131.05%	3.30%
标准指数型基金	-22.68%	-11.47%	90.97%	-63.32%	143.85%	123.45%	-4.53%
股债平衡型基金	-20.68%	3.87%	48.50%	-41.21%	97.39%	96.50%	6.03%
保本型基金	-0.68%	7.39%	10.12%	-9.70%	64.53%	35.42%	7.93%
普通债券型基金（一级）	-2.83%	8.14%	4.73%	8.00%	17.78%	15.67%	8.92%
货币市场基金（A级）	3.48%	1.70%	1.41%	3.53%	3.31%	1.87%	2.43%
QDII 基金	-21.12%	3.58%	57.48%	-43.35%	0.00%	-	-

数据来源：银河证券。

图 3-5 七种常见基金类型收益对比

什么是基金定投

通常在换季的时候，你是习惯集中采购下一季所需的衣物，还是会一次次购买？这两种方法本身并无好坏之分，只是因人性格而异。我们在购买基金的时候，也会遇到类似的选择，其中，“单笔投资”相当于集中采购，而“定投”则更像分批买入。

有别于单笔投资，基金定投是一种类似银行“零存整取”业务的基金投资方式，投资者通过提交申请，约定每期扣款时间、扣款金额、扣款方式和申购对象，由销售机构在约定扣款日自动扣款，完成基金申购。比如王太太在工商银行做了一份定期定额基金投资计划，每个月的5日，王太太的工商银行账户都会自动扣款3000元，购买嘉实沪深300指数基金。

像这样将购买日期、金额、基金全部固定的投资方式，又被称为“定期定额基金投资”，是基金定投最初也是最基本的模式。与单笔投资相比较，定期定额基金投资具有四项主要特点。

自动申购，积少成多

在繁忙的快节奏生活中，很多时候，我们明明想要完成一件事情，却总是受到各种阻碍。比如我们已经选好了一只基金，也看准了申购的时机，却在拖延中错失了良机；再比如我们计划好每年出国旅游一次，可到了好的时节，却腾挪不出足够的旅行资金。

定期定额基金投资计划好像一个大大的储蓄罐，自动帮我们积累财富，不但方便省心，又在不知不觉中达到了积少成多的效果。如果你愿意，还可以给你的投资计划贴上标签，比如“宝宝的学费”、“我要去马尔代夫”……

分批购入，摊平成本

定期定额投资每个月都会自动买入一定金额的基金，这样在市场波动的过程中，可以有效摊平成本。如图 3-6 所示，该基金净值经历了从 A 点到 E 点的波动回归，在这个过程中，不计算申购费的情况下，同样以 7500 元买入这只基金，在 A 点一次性申购的话，可以买入 7500 份；而如果在 A、B、C、D、E 点分五次购入，每次 1500 元，随着净值的上下浮动，到 E 点时，一共可以买到 8500 份，比单笔投资多持有 1500 份。

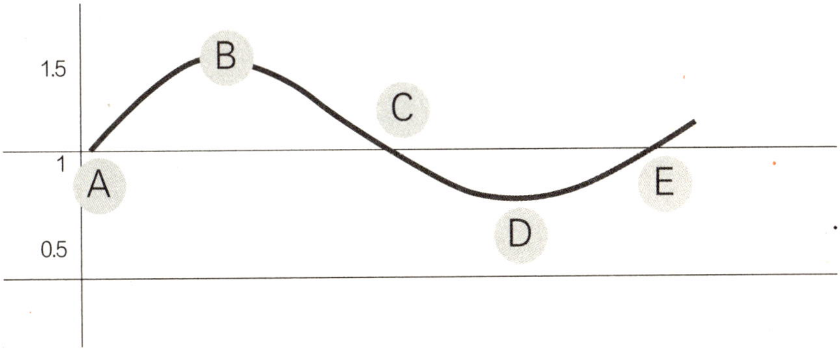

说明：模型仅供参考，不构成投资建议。

图3-6 分批购入，买入更多份额

告别噪音，方便省心

单笔投资要求投资者必须参与投资的整个过程中，包括每一次申购赎回时机的选择、每次购买基金的选择、每次购买金额的选择等，要求投资者具备一定的专业投资能力和对市场的敏感度。

定期定额投资无需择时，在每个月固定的日期自动申购，免除了市场噪音对投资者的影响，方便又省心。

长期投资，坐享复利

印度有个古老的故事，国王与象棋国手下棋输了，国手要求在第一个棋格中放上一粒麦子，第二格放上两粒，第三格放上四粒，即按复利增长的方式放满整个棋格。国王以为这个棋手可以得到一袋麦子，结果却是全印度的麦子都不足以支付。国手的秘密武器正是“复利”——爱因斯坦眼中的世界第八大奇迹。

定期定额投资让投资者免受短期波动的困扰，更适合长期投资，享受复利带来的财富奇迹。

随着基金行业的发展，现在我们提到基金定投，已经不简单地指“定期定额”一种模式，各基金公司不断推出创新定投模式，比如嘉实基金提出的“止盈不止损”、“定期不定额，跌时加码买”、“指赢定投策略”等，为投资者提供更多灵活选择。

基金定投是“傻瓜投资术”吗

约定好基金、日期、金额，并不意味着你可以将自己的定投计划彻底忘掉，想想看，即便是存款，在每次加息的时候，你也会考虑是否要取出来再存一次。一样的道理，如果想要获得更好的收益，就不要将基金定投与“懒人理财”、“傻瓜投资术”划等号。

前文提到，定期定额是基金定投最基础的模式，每月自动申购固定金额的基金，简单易行，投资者无需自主择时，特别适合刚刚接触投资市场或者无暇跟踪市场走势的忙碌上班族。但我们还应该看到，在定期定额为我们提供最大限度方便的同时，也存在一定的局限，那就是按期扣款并不考虑市场因素。

也就是说，如果我们在一个错误的时间周期进行定投，同样会面临亏损的风险。所以，要想获得更好的收益，还需要我们动动脑筋才行。这里我们跟大家分享两套基金投资法则：“定期定额法则”和“定期定额 + 单笔投资法则”，前者适合不会看市场趋势和忙碌的上班族，后者适合善于掌握市场趋势的投资者。

定期定额法则

第一步：开始进行定期定额投资；

第二步：根据自己的理财目标，设立止盈点；

第三步：基金收益实现止盈点，赎回；

第四步：盈利再投资，定投另一只基金，或者提高原定投计划的扣款金额；

第五步：当再次到达盈利点时，重复前面的动作，赎回、再投资。

这样做，一则可以随着市场行情的变化来调整投资计划，不错过上涨，也不死守下跌，强化了投资的效果；一则保证了资金的流动性，同时将“旧钱”与“新钱”滚在一起，发挥复利的威力。

定期定额 + 单笔投资法则

第一步：开始进行定期定额投资；

第二步：根据自己的理财目标，设立止盈点；

第三步：基金收益实现止盈点，赎回；

第四步：盈利再投资，申购另一只基金，以单笔投资的方式；

第五步：一方面在市场下跌或因非经济因素重挫的时候，逢低单笔投资，一般来说，当媒体开始大幅报道股灾，或身边朋友对股市恐惧时，都可以考虑逢低买进，借此更快地积累财富；另一方面，持续进行定期定额投资，并且在下一次止盈点到达时，再进行止盈、赎回，然后再将获利的钱滚入单笔投资的本金。

这样做，一则可以降低单笔投资的风险；一则可以实现“1+1 > 2”的效果，同样的时间，创造最大的财富。

嘉实基金推出的指赢定投计划，就是在基础定投上的智能定投，这个我们在后面的章节中会具体讲到。

AUTOMATIC
INVESTMENT PLAN

爱嘉定投魔法之

需求篇

【第 4 章】

亲子定投魔法

父母要量力而为

苏瑞·克鲁斯在她七个月生日的那一天收到了人生第一件奢侈品，一件阿玛尼定制礼服。对于她的大明星爸爸汤姆·克鲁斯来说，这点礼物不足为奇。可对于大部分普通家庭而言，给孩子置办如此奢侈的礼物还是有些不现实。你看，不管做什么，都得量力而为，如果买得起 QQ 的实力偏生出了买 BMW 的野心，岂不是给自己添堵？

我们身边，大部分家庭都是为了孩子奋斗。父母那一代的负担到了我们这个时代没有改善，反而加重了。要不怎么会有这样的玩笑——生了男孩的父母长吁短叹，两百万元没有了，为了儿子，奋斗吧！生了女孩的却在一边偷着乐，盘算着是买套房还是换辆车。

唯一改善的，是以前为孩子只有委屈自己傻傻攒钱，如今却有更多灵活的投资方式，不必把自己逼得太苦。

投资效率虽然提高，父母们望子成龙的夙愿也越来越强烈。以前在艰苦的环境下孩子们都处于同一起跑线，很难拉开距离；而如今，环境在改善，机会在增多，每一个机会的呈现无不是金钱作保障。与其说是前途，倒不如“钱”途更贴切。

有一个啼笑皆非的例子。两个年轻的妈妈讨论育儿经，其中妈妈 A 忧心忡忡地问妈妈 B：“你们家孩子报名早教班了吗？”答曰：“刚刚去上了一次课，老师说现在的孩子都是独生子女，容易得孤僻症，所以从小就要培养他们的团队意识。我们第一节课就学这个呢！”听毕，妈妈 A 立马如临大敌，咨询着早教班的相关事宜。猜猜他们的孩子才多大？两三岁？错，她们的孩子只有十个月大！天知道，十个月大的孩子连话都不会说，怎么听得懂什么是团队协作？

这样的例子并非笑谈，关注一下身边的年轻爸爸妈妈们，为了孩子一掷千金的情景比比皆是，并且一个比一个投资早。这就是如今每一对父母面对的现实，并且这种现实每一天都在更新、续写。这年头，连月嫂的佣金都日新月异，更不要说孩子的培养费用了。

其实，培养孩子根本没必要这么辛苦，想想自己的成长经历，有多少才能是在早教班奠定的，有多少智慧是在儿童会所启迪的？不过都是常规的义务教育教导出来的孩子，是否成才除了环境的营造，还要有自身的修炼。父母要做的，就是给孩子健康、无忧的学习生活环境，以及正确的思想引导。

家长们总是想不明白，很多时候，虚荣心难为了自己，更难为了孩子。所以，应该放弃无谓的攀比和追逐。子女教育也好，赚钱也罢，还是要实际一点，从自身的实际情况出发，量力而为。

现在我们需要做的就是测算一下，从出生直至大学毕业，子女教育需要花费多少钱？（以北京地区为例）同时也不妨对比看看，穷养和富养究竟有多大差别。

从表 4-1 中可以看出，培养一个孩子的基本花销在 4 万元 ~ 93 万元。这还只是以目前的市价计算，保守估计今后 20 年每年约按 5% 到 8% 的速度增长。假设孩子现在为 0 岁，18 年后学费将上涨为 9.6 万元 ~ 371.6 万元。9.6 万元是最基本的投入，如果有条件，可以不断累积子女教育的投入金额和项目。比如为孩子选一个好学校的择校费、培养业余爱好的兴趣班费用等，当然这还得本着量力而为的原则，如果实力欠缺，则应该在此基础上做减项。

确定好理财目标之后，根据实现目标的时间限定和风险偏好，选择理财品种。子女教育是一个长期的规划，越早开始，投入越少，效果越好。而从长期投资的角度来看，基金定投非常合适。所以接下来我们要做的，就是选择一家值得信赖的基金公司，进而挑选出长期业绩好的基金，然后坚持定投，分享复利！

表 4-1 孩子出生至大学毕业教育费用明细表

	穷养	富养
小学	学杂费（单位：元 / 学期）：一年级 178 元，二年级 178 元，三年级 225 元，四年级 250 元，五年级 262 元，六年级 267 元；六年总计 2720 元	择校费：80000 元 ~ 250000 元；学杂费：2500 元 / 学期；六年总计 110000 元 ~ 280000 元
初中	学费：城镇 80 元 / 学期，三年总计 480 元	择校费：平均 87000 元；学费：5500 元 ~ 14000 元 / 学期；住宿费：1000 元 ~ 2000 元 / 学期；三年总计 93000 元 ~ 183000 元
高中	学费：160 元 ~ 330 元 / 学期，三年总计 960 元 ~ 1980 元。	择校费：30000 元；学费：8000 元 ~ 15000 元 / 学期；伙食、生活管理费：4500 元 / 学期；住宿费：1500 元 / 学期；三年总计 84000 元 ~ 126000 元
本科	一般专业 ≤ 5000 元 / 年，理工科 ≤ 5500 元 / 年，外语、医科专业 ≤ 6000 元 / 年，艺术专业 ≤ 1 万元 / 年；总计 20000 元 ~ 40000 元	8000 元 ~ 15000 元 / 年，四年总计 32000 元 ~ 60000 元
研究生	国内研究生：5000 元 ~ 8000 元 / 年，三年总计 15000 元 ~ 24000 元	留学生：120000 元 ~ 280000 元
总计	39160 元 ~ 69180 元	439000 元 ~ 929000 元

说明：以上数据采集为北京市平均水平，小学、初中、高中学杂费依照北京市《国务院办公厅关于调整北京市中小学学杂费住宿费收费标准问题》计算。

子女教育本就是一笔不小的开销，按照要求不同，又可呈现无限的弹性。利用时间摊平成本、利用定投赚取收益，是每个家庭的资产配置中不可或缺的一部分。

掌握时机，及早出击

当秋风席卷大地的时候，喜鹊开始忙着寻找枯树枝为自己垒窝，以应对冬天的寒冷。可是寒号鸟却仍旧自顾自地玩耍，还嘲笑喜鹊：“别瞎忙啦，时间还早呢，过几天也来得及呀。”但冬天说到就到。喜鹊住在温暖的窝里，寒号鸟却被冻得直打哆嗦，悲哀地号叫：“哆啰啰，哆啰啰，寒风冻死我，明天就垒窝。”但是第二天暖和的太阳出来了，寒号鸟又开始偷懒了，始终没有行动。最后寒号鸟被冻死了。寒号鸟的故事告诉我们，做事情要掌握好时机，及早出击。

寒号鸟的故事之所以能一直流传，主要原因在于这个故事启示我们，做事一定要尽早，而不要一直往后拖。

其实不管是工作还是投资，这个故事都同样适用。

我们很多时候都能看到同样的案例在发生。工作的时候，总想着还有时间处理，我再等等吧，而转眼之间，时间过去了，工作却依然没有完成。等最后时限到来时，又抓紧时间加班加点，拼命追赶进度，只求能尽快完成工作，至于工作质量则根本顾不上了。这样的情况，你是否经历过？

在投资方面，这样的情景我们也经常能看见。

无论市场行情好坏，我们总是对自己说，再等等吧，也许明天投资更适合。而等到了明天，我们可能又会说，现在工作好忙啊，再缓缓吧，明天说不定就有时间来好好挑选基金进行投资了。但是一直这样拖下去的结果，可能就是眼巴巴羡慕身边的某个朋友，因为他很早就已经开始投资了，现在正在坐享“钱生钱”的乐趣。

若是一般的投资，如此错过了，可能还会有下一次机会等待着我们。但是若投资的目的是为子女将来的开销做储备，那么一直以“寒号鸟”的心态等待下去，最后的结果可能就是，在需要支付诸多费用的时候才发现，原本期待的“钱生钱”还停留在假想中，而凭借现在的收入支付孩子的费用，却已陷入了捉襟见肘的困境。于是，“寒号鸟”的悲剧再一次发生了。

有人会给自己辩解：“想投资的时候，市场行情不好，所以没有投资。”这样的说辞用在普通投资上，可能合适，因为市场行情总是瞬息万变。但是为子女储备未来的教育金、生活费等，却并非一朝一夕能完成的，这是一个长期的投资规划，靠的是现在一点一滴的积累，而花费的时间可能是十余年。市场行情会持续十余年走跌？这样的“盛况”在世界范围内都不多见。而以国内最常见的形式，则是每隔 3 年左右，股市将会出现一个比较大的行情，抓住行情的几乎都能赚钱。这样的波段行情对于懒人来说更有利，因为可以通过基金定投的方式，平摊成本，降低风险。

罗曼·罗兰也曾说过：“如果有人错过机会，多半不是机会没有到来，而是因为等待机会者没有看到机会的到来，而且机会过来时，没有一伸手就抓住它。”因此，如果真的希望为孩子储备教育金、生活费，与其继续观望，不如及早行动。

再者，通过基金定投的方式，提前投资，获得的收益也更多，能为孩子将来的生活提供更为丰厚的资本。我们来测算一下，假如我们选择以沪深 300 指数为标的进行定投，每月投资 1000 元，每月 1 日扣款，若当日非交易日则顺延至最近的一个交易日，交易费率我们忽略不计，而期间产生的红利选择红利再投，若分别从 2005、2006、……2011 年年初开始我们的定投计划（因为沪深 300 指数是以 2004 年 12 月 31 日为基期，所以定投计划就从 2005 年开始），截止时间统一为 2012 年 2 月 29 日，我们来看一下收益情况，见表 4-2。

表4-2 不同时期截至 2012 年 2 月 29 日的定投计划收益情况比较

定投起始时间	投入本金（元）	期末总资产（元）	收益率	定投期数
2005.01.01	86000	114738.17	33.42%	86 期
2006.01.01	74000	80278.03	8.48%	74 期
2007.01.01	62000	54911.57	-11.43%	62 期
2008.01.01	50000	45852.34	-8.30%	50 期
2009.01.01	38000	34838.32	-8.32%	38 期
2010.01.01	26000	23232.02	-10.65%	26 期
2011.01.01	14000	12927.33	-7.66%	14 期

从表 4-2 中我们能看出，越早开展定投计划，获得的收益也越多，定投计划的收益率基本与投资年限成正比。这正是基金定投的魅力之一：用时间来熨平市场的波动风险，平摊投资成本，提高最终的收益。

不过从表 4-2 中我们也能看出一个例外，例如从 2007 年开始的定投计划，虽然投资了 5 年，但亏损却最多。

其实，这不能说明定投是失败的，这涉及投资时机的问题。基金定投的理论依据是长期投资，长期投资确定的投资周期基本上都是在 10 年以上，只有达到这个年限，并且跨越了数个牛熊市，才可能是投资越久，收益越高。

因此，若小孩才几岁，或者刚出生，现在就为其制订 10 年以上的定投计划，则可以不用为投资时机担忧了——当然，若这个时候恰好是市场低迷时期就更好了，这意味着将来获得的收益更多；若小孩已经进入了小学或初中，现在正在为其大学教育、出国留学等储备资金，使得定投的时间无法达到 10 年以上，仅仅只能经历某个波段的行情，则需要好好考虑投资时机问题，一般来说，这样的定投计划，最佳投资起始时间是在熊市或牛市初期，低点入市，收益更丰。

选对工具，事半功倍

古代的交通工具不发达，要想出门旅游，只能选择步行或马车，路程耗费的时间甚至会比旅游本身花费的时间长。但是现在，想去千里之外的城市旅游，我们有着各种便捷的交通工具可供选择，例如飞机、汽车、轮船等。借助这些交通工具，我们能迅速抵达目的地，然后享受旅游生活。

只要选对了出行的交通工具，就能缩短我们的出行时间，将更多的时间花在享受旅游的过程中。同样的，在生活中，只要我们选对了工具，做起事来就能起到事半功倍的效果。例如，要想知道上交所上市公司的基本信息，我们不必非得亲自去上交所或者上市公司所在地查阅信息，借助互联网的帮助我们能快速了解各种信息；我们也不必为了知道各地发生的新闻而东奔西走，借助报纸、杂志、电视或微博这类媒介传播工具我们就能及时了解各地的新闻。

但是在投资的过程中，我们却没有这么理智了。面对市场中的各种理财工具，我们很容易犯错，导致“将短暂的假期浪费在了步行前往旅游目的地的时间上”。这里有一个很简单的例子。

储蓄是我们很常用的理财工具之一，尤其是活期储蓄，凭借着超强的流动性、稳定的收益（利息收入），深得风险厌恶型投资者青睐。如果将储蓄当作短期理财工具，将是一个非常不错的选择；若是作为长期理财工具，储蓄的优势就没有那么突出了。

近期有报道，河北某地的骆先生在 1989 年的时候存了 2000 元钱，但是 2009 年存款到期后，银行确认能支付的本息仅为 9000 多元——银行是将 20 年存期分成 4 个 5 年定期并采取到期转存的方式来计算本息的。虽然对此事件现在还存有争议

——因为当初骆先生存钱时，银行称存款可以高息保值，2000 元的存款 20 年到期后能变成 9 万元。对于争议我们暂且搁置，不妨分析一下结果。

从金额数量来看，骆先生的 2000 元最终变成了 9000 多元，20 年的时间获得了 4 倍多的收益，看起来是赚了很多。而实际情况呢？换算成购买力，这笔钱贬值的幅度可谓惊人。当年的米价在 0.5 元 / 公斤左右，骆先生的 2000 元钱能买 4000 公斤大米；而现在的米价在 3 元 / 公斤左右，9000 多元仅能买 3000 多公斤大米。换算成公认的最具保值功能的黄金的话，骆先生的购买力近乎贬值了一半——1989 年的金价是 48 元 / 克，骆先生能买 41.67 克；现在的金价是 350 元 / 克，骆先生的 9000 多元仅够买 25.71 克。

其实，这是我们身边很常见的例子。很多现在已经为人父母的人应该还会有印象，在小的时候，我们的父母都会习惯性地将工资转为定期存款，以应付我们未来的大学教育支出，但是，真正等到我们上学的时候，多年的储蓄已经不足以支付我们大学一年的学费了。当然，当年的投资渠道匮乏，这样的理财方式实属无奈。

但是到了今天，在如此众多的理财工具中，难道我们还要继续选择储蓄为自己的孩子准备养育金？不妨跳出这样的思维定式，选择一个更合适的理财工具，为孩子的将来储备充足的资金吧。

说到理财工具，很多人第一时间想到的是股票。因为觉得从长期的角度而言，股票的投资收益会比较大，因此股票就应该是最好的理财工具。但是股票投资却并非适合每一个人。股市更适合那些懂股市，并且有时间钻研的投资者，他们获得丰厚收益的可能性会更大。

理财工具没有好坏之分，重要的是要选对适合自己的。就像出门旅游，尽管飞机的速度是最快的，但并非所有人都会选择飞机，有时火车可能会更适合自己的出行。理财工具的选择也是如此。一定要先了解各种理财工具，明晰风险性、收益性等，再结合自己的实际情况，从投资资金规模、风险承受能力等多方面来判断自己适合投资什么样的理财工具。

对于没有多少时间来钻研股市的人而言，基金其实是一个不错的理财工具，因为基金是集合投资者的资金由专业人士进行投资。基金定投会在每月的约定时间扣款，能起到强制储蓄的作用；长期投资又能摊平投资成本，降低投资风险，享受复利收益。

当然，选择基金定投也不是一劳永逸的事情。对不同年龄阶段的子女建议制订不同的基金定投策略。如果小孩还未上学，距离使用这笔资金的时间还长，父母不妨采取较为积极的投资策略，定投偏股票型的基金；如果小孩现在正在上小学，七八年后就需要用到资金，那么不妨采用中性的投资策略，获得比较稳定的收益；如果在两三年的时间里就需要用到资金了，那么不妨采取比较保守一点的投资策略，确保本金安全。

有了孩子，也不能忘了自己

再苦不能苦孩子，一句俗语道出了许多父母的心声。尤其是现在，大多数家庭都只有一个宝贝，父母对孩子的宠爱更是无以复加，哪怕自己过得再苦，也要保证孩子的吃、喝、穿都是最好的，还要费尽苦心为孩子的将来储备养育金。对于父母来说，孩子就是一切。但是，有了孩子，也不要忘了自己。

从现在社会发展的趋势来看，随着社会转型加快，人口的流动更为频繁，传统的大家庭居住方式已经不适应人们的需求，家庭的人口结构会日趋小型化，成年后的子女基本上都不再选择与父母同住，有的甚至不在同一个城市生活。

全国老龄委公布的《我国城市居家养老服务研究》报告显示，目前，我国城市老年人空巢家庭（包括独居）的比例已达 49.7%，大中城市老年人“空巢家庭”的比例甚至高达 56.1%。这样的问题也凸显了“养儿防老”的尴尬。

此外，在高物价、高房价的压力之下，社会中出现的“啃老族”现象更让我们不得不为自己的将来做一番盘算。北京的王先生和妻子收入颇丰，能积攒一笔钱供儿子去美国留学。前几年王太太办理了退休手续，今年王先生也想办理退休，可是却一直在踌躇。因为儿子从美国学成归来之后，一直都找不到合适的工作——工资低的工作不想做，收入高的工作又嫌累，想创业可是资金又不足，从“海归”熬成了“海待”。毕业四年了，王先生的儿子仍旧依赖父母生活，成了名副其实的“啃老族”。

“啃老族”作为一种社会现象在现实生活中经常能遇到，很多年轻人成年后，由于各种各样的原因，始终没有稳定的收入来源，或者收入极低，导致生活都成了问题，多数需要靠父母的支持。而遇到大额的支出，更是只能指望父母，例如房贷的首付款，更极端的甚至连结婚费用都需要父母赞助。

虽说“啃老族”也终有长大独立的一天，但是从父母的角度而言，面对这样的情况，寄希望于儿女给自己“养老送终”，将来的晚年生活是否能有现在这般惬意?

而另一个不容我们忽视的因素是，随着我国逐步迈入“老龄化社会”，我们子女未来面临的生活压力将越来越大。据统计，现在我国 60 岁以上的人口数量达到了 1.3 亿，而且还在以每年 3.3% 的速度增长，到 2050 年中国将有近 4 亿的老人。

现在的家庭结构是“4-2-1”，也就是两个成年人养育四位老人加一个孩子。在这样的家庭结构之下，我们尚且叫苦不迭，而随着医药科技的不断发展，人均寿命将不断延长，我们的孩子将会面对“8-4-2-1”的家庭结构，而且将来会越来越明显。到那个时候，我们的孩子不仅要养活自己，还要赡养我们的父母、老去的我们，以及他们的孩子。

因此，从现实压力的角度而言，传统的“养儿防老”可能已经不再适用了。

父母对子女的抚养责任是一定要尽到的，但有时也应该为自己的下半辈子着想，在为孩子储备养育金的同时，更要经营好自己的退休金。

值得注意的一点是，虽然我们现在缴纳社保，等到退休后国家会支付给我们养老金，但是考虑通胀等因素，这笔资金恐怕根本不足以应对我们几十年后的生活费用。因此，为了能有一个幸福的晚年生活，最好能在社保之外，再为自己积蓄一份足以支撑我们退休生活的资金。而这笔资金的数额最好能与自己退休后的生活标准挂钩，且一定要优先考虑储备医疗费用，毕竟人老了之后，身体是最容易出问题的。

退休金跟子女的养育金一样也是长期计划，用到的时间会比子女的养育金更晚，所以越早开始越轻松。

化繁为简，以五大核心决定投资比重

“不要把所有鸡蛋放在同一个篮子里”。这是很多人在开始投资时听到的一句忠告。这已经成为分散投资的金科玉律。在这条规则的指引之下，我们开始构建多元化的投资组合，将资金分散投资到股票、基金、信托等不同的理财产品中去，以便达到降低投资风险的目的。

其实，关于“不要把所有鸡蛋放在同一个篮子里”的正确理解应该是，将资金放在不同类别、不同地区的资产上进行分散配置，而非机械地对所有理财产品都投资一点。在构建的资产组合中，并非是资产种类越多越好，起决定性因素的不是资产类别的数量，而是每种资产类别的质量，这将决定整个投资组合最后的收益。

从资产配置的角度而言，首先需要构建一个核心投资，即具有广阔的投资前景、能带来丰厚回报的投资产品，占据投资资产的较大比例，例如股票、基金、债券等，这类投资从长期来看，会带来较为稳定的回报。核心投资也将决定投资的最终收益。其次，构建一个卫星投资，即将剩余的资金投资那些中短期或者市场热点的投资产品上，这类投资的风格较为灵活，目的在于捕捉那些能够提供潜在收益的机会，从而提高整个投资组合的收益率，即便亏损了，也不会冲击投资组合的最终收益。

至于核心投资和卫星投资的比例，则因人而异，风险承受能力较高的投资者可适当加大卫星投资的比例，不过仍应该保持核心投资在整个投资组合中的主导地位；风险承受能力较弱的，可以适当减少卫星投资的比例，将投资关注点更多地放在核心投资的构建上。

不过这样的资产配置方法更适用于资金量庞大的投资者，因为他们能将大量的资金分散投资到不同的资产种类去，既降低风险，又因为资金量足够而能获得不菲的收益。很显然，资金量小的投资者只能做到前者，后者却难以实现。

那么，对于那些选择基金定投为子女储备养育金的投资者而言，是否就没有办法分散投资风险了呢？

答案是否定的。千万不要忽视分散投资定律中的另外一个条件：投资不同地区。这样做的好处不仅仅是分散投资风险，也可以用合理、较低的投资成本获得全球经济增长的收益。全球金融市场虽然具有联动效应，但是当国内市场下跌的时候，海外市场却并非也跟随下跌。以 2011 年为例，国内上证指数跌幅达 21.64%，但是部分成熟市场国家的股市依然有着不错的表现，见表 4-3。

表 4-3 2011 年全球股市涨跌统计

指数	2010 年收盘	2011 年收盘	涨跌点数	涨跌幅（%）
上证指数	2808.08	2200.28	-607.80	-21.64
沪深 300	3128.26	2346.21	-782.05	-25.00
日经指数	10262.55	8450.00	-1812.55	-17.66
韩国综指	2051.00	1825.74	-225.26	-10.98
道琼斯工业平均	11577.50	12287.00	709.50	6.13
纳斯达克指数	2652.87	2605.15	-47.72	-1.80
法兰克福	6814.19	5898.35	-915.84	-13.44
金融时报	5554.90	5572.30	17.40	0.31
巴西指数	69304.80	56754.10	-12550.70	-18.11

数据来源：《钱经》综合整理。

因此，我们完全可以通过将资产投资不同的地区来规避风险。目前国内对于直接投资海外国际市场仍旧有着许多限制，但是选择基金定投的投资者却无需担心。

因为 QDII 基金既具备投资海外的能力，同时，定投 QDII 所需的资金量也不大。

至此，我们需要选定五大核心投资区域来布局投资了。这五大核心投资区域分为成熟市场和新兴市场，成熟市场包括美国金融市场、欧洲金融市场，新兴市场包括新兴亚洲金融市场（含国内市场）、新兴东欧市场和拉丁美洲市场。

选定了核心的投资区域之后，就需要确认各个市场的投资比例。这个比例没有固定的数额，一般市场中的参考值是对半分，即 50% 投资成熟市场，50% 投资新兴市场，这样的投资风格较为稳重。若是希望带来的回报更多，可以将新兴市场的比例加大，当然，新兴市场涨得快，跌得也快，因此在调整比例的时候要注意整体的投资风险；若希望投资更稳健一点，无疑应该多布局成熟市场。

此外，还需要注意的一点是，核心投资区域的比例不应该是一成不变的，每隔一段时间，或者某区域的市场出现了较大的波动时，就应该根据市场趋势做调整。例如，欧债危机仍旧挥之不去的时候，不妨将投入欧洲市场的资金转向美国；或者看到国内股市已经跌无可跌了，不妨加大投资国内的偏股型基金。

【第 5 章】

置业定投魔法

中短期基金理财目标

基金定投，胜在长期坚持，通过多次投资平均成本，也降低了投资的风险。那么，如果想要通过定投来达成留学、创业乃至购房等中、短期的基金理财目标，只有适度调整自己的投资策略，才能最终实现。

古代的儒学家一定不会想到，在“修身、齐家、治国、平天下”这样多层次的人生理想中，最让现代的小年轻们痛苦的就是“齐家”。莫说“齐家”，能不能成家还是一个问题。当大部分女方家长都抱着“有房才谈嫁娶”的想法时，面对疯涨的房价，出身“草根”的男士们只能暗自感伤。

2012 年，电视剧《北京爱情故事》中来自云南小镇的“北漂”石小猛正是其中代表。为了能拥有属于自己的房子，将女友从家乡接到北京团圆，石小猛奋力工作，却还是因为物质方面的原因失去了相恋多年的女友。他耿耿于怀，从此改变人生观，为了赚钱不择手段，最终走上犯罪的道路。

北京的房价固然高得可怕，但聪明的石小猛们只需要细细比对就会发现，金融市场上逐渐丰富的产品，完全可以覆盖任何风险偏好的投资人群，满足不同的投资目标。也就是说，通过合理投资，例如买只基金或者股票，或是投资某一款银行理财产品，完全可以达成坐拥双薪的理想。

因为难度系数低，定投常常被认为是最适合外行人的投资渠道，但是“长期投资”是基金定投的原始假设，想要为幸福加码，缩短获得成功的时间，石小猛们可以从以下几个方面着手，调整自己的基金投资策略。

进场时机要挑选

对于一般投资者来说，“忍辱负重”可能是形容定投过程的最佳词汇。但只要市场整体向上的趋势不变，投资者能坚持长期定投，那么无论何时进入市场，到最后几乎都能获利。但是中、短期投资存在时间限制，实在很难保证在需要买房的这段时间里，市场正处于或者正走向高点，但如果能在市场大幅下降后的低点进入市场，自然有更高的获利空间。

以 3 年的投资时间为例，根据新浪财经提供的数据，2009 年 2 月至 2012 年 2 月，上证基金指数的上涨率约为 41.87%。而同样时间内，上证指数的涨幅约为 16.67%。其中，上证基金指数可以代表 3 年内封闭型基金的总体趋势，而上证指数则可以显示出指数型基金以及股票基金的总体价格趋势。

也就是说，假设石小猛于 2007 年大学毕业，他可以利用半年的时间稳定工作，存上一定的余钱，接着在 2009 年 2 月份这样的低点开始买入基金，那么到了 2012 年需要买房结婚时，只要他没有选到极差的基金，以 2008 年到 2012 年的总体形势作为参照，他在此期间内的收益都是完全有保障的。

相反地，如果石小猛没有果断地在 2009 年 2 月投入基金市场，而是略有迟疑，推迟了一年半，选择在 2009 年 7 月这个时候进入市场，那么情形就大不一样了。2009 年 7 月 28 日，上证基金指数为 4617.75 点，上证指数为 3438.73 点。如果他在 2012 年 3 月急需用钱交付房子的首付，只能退出市场的话，那么投资受损的可能性就比较大了。

当然，我们无法预测市场到底何时是谷底，虽然很难选到 2009 年 2 月这个市场低点，但 3 月、4 月都是进入的好时机。只要在选择进入点时，尽量避开 2009 年 7 月这样的市场最高点，其他时间进入市场都可以。

【Tips】

既然想要尽量缩短投资时间，进而迅速实现目标，那么就需要更多的理财知识作为后盾。除了选择进入点外，还应多留意市场动向，在市场过热时，适当降低投资金额；而在市场走低时，则逢低加码，达到借力使力的功效。

期望报酬不应太高

据《证券日报》报道，在2009年以前设立的237只主动管理型偏股基金中，嘉实基金等三家基金公司旗下的偏股基金，3年以来平均回报率超过了50%，不但跑赢了同期偏股基金41.18%的平均业绩水准，更是远远超过大盘33.99%的累计收益率。这再次证明，基金定投可以推动购房梦想的实现，但并不意味着投资任何一只基金都一定能够获得理想的收益。

基金投资较股票市场风险更低，“风险越高，收益越高”是投资市场的必然，所以一般来说，中、短期基金投资的回报率不会太高。再加上中、短期投资的投资时间有限，对其期望也不应太高。如果还碰巧在市场高点进入，那对于投资回报率的期待就更应该切合实际，毕竟基金投资只能增加中、短期投资的增值概率，并不能完全保证其投资收益。

所以，如前文所述，如果石小猛在2009年2月进入了基金市场，并且设定了低于大盘累计收益率的回报率，那么，他就应该在2011年7月，接近投资预设期限且市场出现连续下跌时，采取一定措施巩固原有收益，既减少被套牢的风险，也能够在达成期待收益时找到收网的合适机会。

获利要提前收网

市场不会永远保持一种趋势，投资者留意市场动向的最大意义在于，当市场走低时加仓，市场高峰时则收网，提前将丰收的果实收入囊中。而后者对于基金定投的中、短期投资者来说，尤其重要。既然要减少投资时间，必然要在市场状况不佳时尽量减少损失；在能赚时赚得盆满钵溢，跟着趋势走，才能保住心心念念的房款。

如果将 2009 至 2012 这 3 年的市场分段来看，对于在这段时间定投基金的石小猛而言，2010 年 7 月和 2011 年年初都是收网的好机会，尤其是第 2 个时间点，当大盘经历了几次波动，终于在 2011 年 4 月有所攀升，由于定投时间早且时机选得好，他完全有机会在这个时间段顺利收网，而收益率自然会比到了 2012 年 2 月这个预先设定的时间才全线收网来得高。

同时还要建议投资者，如果预设的时间已到，但市场依然走低，无法实现盈利，如果还有回旋的余地，可以尽量支撑到市场回升或者获利的时候再选择申购。因为你已经经历了市场的低点，只有保留先前的投资部分，才能赢得更大的投资收益。

顺利完成梦想

相对于股市的风起云涌与成王败寇，基金似乎更适合用来实现养老这样长期的投资目标。每种投资渠道都有适宜的投资技巧，只要走对路，基金投资也可以赚大钱。既然选择基金定投作为“买房大计”的实现魔法，就应该尽量扬长避短，既利用定投降低投资风险，又能够通过紧跟市场，实施波段操作，最终实现梦想，顺利成为“有房一族”。

对于初级购买者而言，基金定投的最大特色自然是通过多次的固定投资来分散风险，时间越长，在基金价格走高时买入的单位越少，在基金价格走低时买入的单位越多，成本和风险自然就比较低了。就这点来说，债券型基金和保本型基金这样的低风险组合似乎最符合基金投资意义，但时机往往稍纵即逝，如果只在乎保本，想要在短时间内达成买房梦，难度极大。

调整基金组合配置

以保本基金为例，为了规范并鼓励保本基金投资，中国证监会在2010年底颁布了《关于保本基金指导意见》，放宽了保本基金投资的有关政策。在股市动荡和通货膨胀的总体趋势下，2011年掀起了一股“保本基金热”。具备了天时、地利、人和的保本基金得到了长足的发展，仅在2011年上半年的基金发行量，就相当于8年以来保本基金的发行总量，足见此类基金的发展已经渐入佳境。

在这样的利好形势下，《每日经济新闻》统计数据显示，2011年约有8成的保本基金获得了正回报，进入2012年后，保本基金的整体表现更是强势，平均涨幅接近2%。一般情况下，债券基金的收益略高，会保持在6% ~ 10%之间。从国内保本基金和债券基金这几年的运作情况也可以发现，它们具有“低风险、进可攻、退可守”的特征，投资稳妥且趋势稳定，是跑赢 CPI 的好助手，十分适合老年人和风险厌恶型投资者。

对于年轻人来说，想要提高收益，选择积极型的基金类别会更加适合。

让我们做一个对比：每一年基金市场都会上演一轮新的基金热潮，2009 年被称为“指数基金年”。2009 年指数基金呈现出规模的爆炸性增长，前 10 个月的成立数量已经超过了 2009 年以前的总和。据私募排排网公布的统计数据显示，2009 年沪指涨幅 79.98%，沪深 300 指数涨幅为 96.71%，指数型基金全面跑赢沪指，成为基金业的最大赢家：在 33 只指数型基金中，有 32 只盈利，仅有 1 只基金亏本，平均涨幅在 56% 以上。当然，这 1 年里，股票型基金的收益率也很高，年平均收益率为 69.15%。在运行满 1 年的 178 只股票型基金中，有 10 只收益超过 100%。

虽然每年的市场状况不同，但数据至少可以说明，同样是“基金热潮”，保本投资与积极投资所带来的收益具有很大的差距。对于想要尽快完成财富积累的投资者而言，或许积极一些，灵活一些，才是取巧的魔法。

至于前面提到的，不要有太高的报酬率期待，则是针对投资心理而言的，并不意味着要选择较为保守的基金类型，这是两码事，不能混为一谈。

逢低加码，再投积极型基金

有经验的投资者不难发现，在投资过程中，会产生不同的情绪：焦虑、紧张、沮丧等，而这些负面心理在基金定投时往往最容易影响投资者情绪。很多人都把定投称作“痛苦感知与坚持”的过程，可见个中滋味。但不能否认的是，这样的坚持正是获得超额回报的途径。

不仅如此，对于想要在短时间内就获得较多收益、达成梦想的年轻人而言，时间显得尤为宝贵，如果能够利用市场趋势，借力使力，在市场低谷时加码，多购买一只积极型基金，花小钱办大事，“在别人贪婪时恐惧，在别人恐惧时贪婪”，才是事半功倍的投资手段。

逢低入市，这是众人皆知的投资理论。同样的价钱买到价廉物美的东西，是所有消费者的追求。但是理论和实践的差距太大，而从某种程度来说，市场价格往往是错误的，市场这只“隐藏的手”是对过去的反映以及滞后调控，但投资者往往受到市场价格的影响，在市场低谷时产生负面情绪，对投资行为不自信，也就错失了最佳的投资机遇。

2008 年，中国股市出现持续而深幅的下跌，来自 WIND 资讯的统计数据显示，截至 2008 年 12 月 31 日，中国市场上 96 只基金全年亏损 3939.77 亿元。这样的市场低谷下，许多投资者纷纷匆忙抽身。但事实上，正如前文所述，到了 2009 年，不仅指数基金，混合基金、QDII 基金都得到了很高的净值增长。如果投资者在 2008 年逢低加码，不仅没有抽空，还多加了一只积极型基金，那么与买房的时间距离，恐怕可以缩短一半。

至于如何挑选基金，本书将会在之后的技巧篇为您细细道来。

提前半年止盈转稳

如果说所有的投资都是一场“春种秋收”的话，那么，基金定投也是如此。而最后一步，也是最重要的一步，就是如何在市场高价时给自己的“农产品”卖个好价钱。投资过程容不得一点疏忽，只有当投资所得真正落袋为安——把浮盈变成实盈，才能算是盈利完成。理性地对待投资，才能避免虎头蛇尾、功亏一篑。在这之前，我们已经谈到了为顺利实现买房这样的中、短期目标，投资应当选择一个“播种”的好时机，而收获和回笼资金这个步骤更是丝毫马虎不得。

选优股、择时机、做波段、止盈损、稳操胜券是所有炒股方法的综合概述。而基金强调长期投资，如果投资过程中出现盈利，是该获利离场落袋为安还是继续持有？见好就收是否与长期投资相矛盾？这是很多投资者都会面临的问题。

事实上，如果决定长期投资基金，在面对机遇时还可以运筹帷幄，等待下一次更好的时机，甚至有人认为，长期投资基金根本不需要所谓的止盈和止损。而就中、短期投资者而言，每个阶段对时机的把握都能起到关键作用，而任何一次时机的错失都可能导致与既定目标的失之交臂，所以提前止盈转稳就显得极为重要。

如果说投资让资本由少变多是一个魔法，那么，借用现在炙手可热的魔术师刘谦的话，止盈转稳——这个基金定投的最后动作就是“见证奇迹的时候”。与时间赛跑的投资者们，让我们一起来见证。

止盈比止损更重要

投资理财是持续不间断的行为，由于市场趋势在变化，在长期投资的过程中应当灵活掌握。尽管基金定投可以省去不少步骤，但是投资者最了解自己的风险承受程度，也最清楚自己的理财目标，如果能够自行设定止损点及止盈点，根据市场时机检查投资组合的适时程度和投资收益，就可适度降低损失，保障投资获利。

其中，设定止损点的意思是，想一想自己可以忍受这笔投资亏损多少，例如说投资 10 万元，如果你觉得这笔钱亏损到剩下 9 万元就会无法原谅自己，那么，你的止损点就是 10%。

止盈点的设定也一样，如果无法预测房价将如何随着市场变动，那么以现在的房价来做估计即可。一般而言，如果收益率达到 15% 以上，就算是相当不错的成绩了。而在投资过程中时常检视投资状况，可以尽量避免让自己暴露在太大的风险之下。

除去少有的赌徒心理，对于偏向理性的普通基民来说，减少损失是每个人都心心念念的事情，所以强调止损点能够得到大多数人的重视。可是，在利益面前，大多数人却过不了“贪心”这一关，未能适时获利了结，总是想着会有更高点，对于赎回犹犹豫豫，一段时间后走势转换，收益自然大幅缩水，因此，设定适当的获利点往往比止损点的设立更为必要。

《证券时报》曾经做过一个对比，很具有代表性。以上证指数 2000 年到 2009 年 10 年间的定投为例，如果没有止盈，投资者在 2007 年 10 月 16 日，上证指数最高点 6124 点时，定投收益率可超过 200%；然而在 2008 年 10 月 28 日，上证指数最低点 1664 点时，定投收益率只剩 2% 左右，其中差异巨大。如果投资者设置了 20% 的止盈点，并且提前止盈转稳，那么他完全可以在 2007 年或者 2008 年及时收手，将基金卖出，取得 20% 左右的利益，即使没能在最高峰卖出，但至少达到预期目标，买房的首付也就有了保证。

因此设定适当的止盈点，一旦收益达到预期，将获利部分赎回或转换，是保住胜利果实的最后一道防线。

【Tips】

如何设立止损点和止盈点？

一般而言，投资者自身的风险承受度、获利期望值、目前所处年龄阶段、家庭经济状况以及所在的市场特征，都是设立止盈点和止损点的参考依据；定期检查投资回报，每季度检查基金表现、排名变化、投资标的的增减，有助于找出最适合自己的投资组合的获利及止损区间，为最终的赎回提前做好准备。

还有一种情况，如果投资者选择了一只长期表现还算稳定的基金，只要掌握长期波段表现，就可以将股票的波段循环周期与涨跌表现作为设定止盈点及止损点的参考依据之一。

止盈须择时

中国有句俗语叫做“风水轮流转”，基金市场似乎也是如此，在前文中，我们提到了“基金年”的现象，从 2009 年到 2011 年，每年的市场状况不同，“独领风骚”的基金类别也不同。所以，对于中、短期投资者而言，如果能够提早做好准备，抢占先机，就能够降低风险，与梦想更近一步。

从这几年的状况来看，中、短期投资者最好在预定日期的前半年、甚至是前一年就要开始留意基金绩效表现，只要达到预设报酬率，就要进行止盈，转入较为保守的固定收益产品。即使那时正逢牛市，基金净值节节高升，也绝不能因为想再多赚一点钱而不愿止盈。因为这样的心理，往往会导致功亏一篑，最终陷入被套牢的境地。

【Tips】

基金投资必然有风险，投资前做好充分规划，确定自己的理财目标，根据自己的能力，有纪律、有规划地执行，必然可以降低风险，增加投资成功的几率。同时，也要调整好心态，认知可能发生的风险，所以建议确定要通过基金定投支付购房首付的年轻人，还是要做好将买房计划延后的心理准备，给市场一定的时间，尽量等到首付充足时再投入购房，这样可以在一定程度上减少日后的还贷压力。

【第 6 章】

养老定投魔法

25 岁开始：退休金轻松就位

如果从 25 岁开始准备，左手掌握时间复利，右手紧握合适的投资产品，年轻时便会为你的养老生活增添不少本钱。且不说经济的长期发展会熨平市场的短期波动，光是时间带来的复利就能让人生规划中“三本存折”上的金额变得更多。

在小品《不差钱》里有一句和理财关系密切的台词——“人生最大的悲哀，莫过于人还活着呢，钱花完了。”这句看似幽默的调侃，却真实地折射出老年人退休后晚年生活的尴尬。问题是，养老需要多少钱呢？

退休金需要多少

案例 6-1

25 岁的杨先生和妻子新婚不久，听到新闻中说的养老金缺口的问题，便想为自己算笔账，养老到底需要多少钱？杨先生和太太计划按照法定年龄退休，以北京 2009 年城镇居民消费水平 24044 元 / 人衡量，假定未来物价每年上涨 3%，若是两人的寿命均为 80 岁，那么需要准备多少养老金呢？

每个人都应该为自己的家庭算算退休金需要多少才够花。这里以杨先生夫妇为例，让我们看看如何算出家庭需要的退休金总数。

首先，一般来说，退休后的收入替代率为 80%。如果每个家庭退休前每年需要 24044 × 2=48088 元的消费性支出，那么退休后每年开销约为 48088 × 80%=38470.4 元，即可保证与退休前基本相当的生活水平。为了方便计算，这里我们取作 40000 元。

其次需要考虑的是通货膨胀的因素：60 岁时退休，每年生活费的现值是 40000 元，假设每年的通货膨胀率是 3%，那么折合到 35 年后，每年退休金的终值应该为 $40000\times(1+3\%)^{35}=112600$ 元。

【Tips】

现值和终值是财务管理有关货币时间价值的专业名词。现值是现在和将来（或过去）的一笔支付或支付流在今天的价值，终值是一笔现有的资金按规定折现率，换算至将来某年年终所得的价值。比如说 10000 元钱，存在银行，年利率是 10%，1 年后你的账户里将是 11000 元，那么 10000 元就是现值，11000 元就是终值。

算出退休时每年需要的退休金终值为 112600 元之后，如果寿命在 80 岁时终止，那么这 20 年需要的退休金是多少呢？许多人会理所当然地想——直接将 112600×20=2252000 元就可以了，这种算法实际上是错误的，因为仍然没有考虑到货币的时间价值。

正确的算法是，在通货膨胀 3% 的基础上，假定每年的投资回报率为 5%（较为保守的估计，通过银行存款、债券基金等稳健类资产即可基本实现），根据增长型年金的算法，这 20 年共需要资金为 1887800 元。

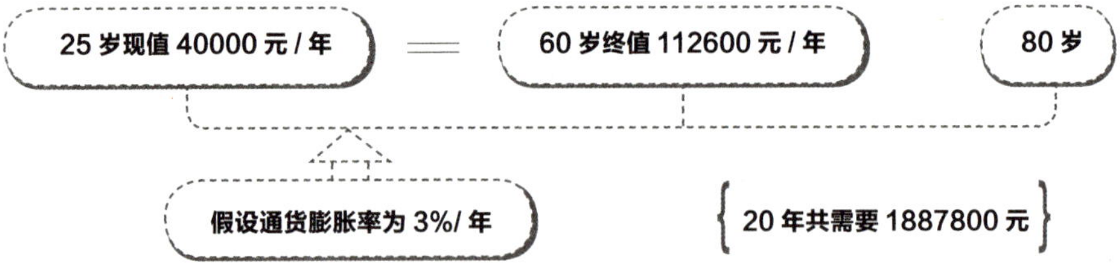

图6-1 养老金计算示意

1887800 元的财务缺口不容小觑，更何况这只是平均水平，如果夫妻俩对晚年的生活质量有更多追求，那么还必须为自己准备更多的退休金。

三本财务存折

要过上富足的老年生活，主要途径有两个。一个是延迟退休，比如工作到 65 岁——不愿意？那么就选择方法二吧——投资养老，御“财”防老。

案例 6-2

一大早拎起电脑包疾步穿越斑马线；在人群中啃上两口面包；偶尔应付两通毫无预兆的电话；准点下班基本属于奢望，好在工资和福利还不错。头发略显凌乱的小方，22 岁大学毕业后便开始在 IT 公司工作，如今已经 3 年有余。虽然不像朋友们过得那么精致，但是她对自己的状态还是很满意的，“她们过着小资生活，我过着侠客生活，常常是忙完一阵就抓紧出去旅游一趟”。

眼下，小方计划将人生的主战场从奋战工作转向组建家庭。可是，在准备结婚的当下，小方才发现自己竟然没有存下钱来，以应对婚礼筹办过程中的诸多花销。痛定思痛下，小方决定好好地梳理一下未来的财务需求。仔细搜集各方资讯后，小方才发现，原来创业金、结婚开支、未来可能需要的子女教育金、退休金，一生中竟有如此多的财务需求，每笔都是不小的开支……

对于 25 岁的年轻人来说，常常面临的是“更多选择，更多欢笑”——林林总总的财务目标和需要的大笔资金，的确需要人们来未雨绸缪，那么，从哪个需求开始准备才合适呢？

首先应当理清各项财务需求的急迫性和重要性。从急迫性上看，理财目标可以分为短期、中期、长期。若是按照重要性来衡量，这些财务需求又可以归纳为“三本存折”，如表 6-1、表 6-2 所示。

表 6-1 急迫性——理财目标的确定

	短期目标	中期目标	长期目标
投资年限	3 年以下	3 年~10 年	10 年以上
目标内容	基础学业完成、短期旅游计划等以个人为主要焦点的计划	结婚准备金、儿女养育教育金、购车款项等，焦点由个人逐渐转向家庭	置业、退休后的养老、移民等以家庭为主要焦点的投资计划

表6-2 重要性——确立人生理财规划三本存折

	退休养老存折	爱的存折	“灵活应变”的存折
目标内容	退休后的养老需求等，这是一定要完成的需求	子女教育需求等，一般是比较中期的目标	满足短期投资需求，应急备用金的筹备等

说明：本表仅供参考，不构成投资建议。

对于这三本存折，小方的答案是，“当然选‘灵活应变’的存折了，毕竟需求数量较少嘛，可以比较容易地解决！”但是事实上，越是必要的、金额庞大的存折越要先存，因为可以慢慢累积。由此可见，退休养老存折是投资理财中优先考虑的，其次是爱的存折——子女教育金，最后才应该是短期的需求。

现在面临的困难是——退休养老存折的缺口是 1887800 万元，如何实现？虽说投资理财不能够万无一失地保证实现这一目标，但是却能通过严谨的专业判断和合理的资产配置，从大概率上保证退休金的轻松就位。

财务梦想

如前所说，这近两百万元的退休金巨款可以通过时间的复利来实现。有人说，世界上最伟大的力量是复利，而复利关乎两点——时间和回报率。所以，需要投资者衡量的是，自己每年可用于投资的额度有多少。

让我们看看在 25 岁到 60 岁这固定的 35 年里，每年用于投资的金额不同，对年化收益率的要求有什么差别。

表6-3 35 年里不同投资收益率下每年投资额度的不同

方案	退休金目标	开始投资年龄	退休年龄	假设年化收益率	每年投资金额
1	1887800 元	25	60	5%	20900 元
2	1887800 元	25	60	10%	6965 元
3	1887800 元	25	60	15%	2142 元

如果投资者如同方案 1 一样，有大笔富余资产可以用来投资，那么可以选择较为稳健的投资理财产品——例如债券型基金等。根据 wind 统计，自 2006 年—2010 年的 5 年间，重点投资债券市场的二级债基年收益率为 8.9%。根据历史判断未来，在未来 35 年间应该能够超额完成退休养老存折的储备任务，并且能给其他两个存折带来资产的补充。

而如果投资者是类似方案 3 的情形，每年可用于投资的资金较少，那么要想让养老目标顺利得到实现，就需要寄希望于收益率更高的产品。比如选择定投指数基金，一般而言，这类产品收益水平高于债券型基金，但是波动更大，风险也更高。以沪深 300 指数为例，根据 wind 统计，从 2006 年—2011 年的 6 年间累计收益率为 154.02%，年化收益率可以达到 16.81%。

当然，对大多数 25 岁的投资者来说，方案 2 是更为可行的——无论是从每年投资金额还是可以实现的年化收益率预期来看。10% 的年化投资收益率可以通过基金产品的配置组合来实现——例如将每年的投资金额进行配置，60% 定投于股票型基金，40% 投资于债券型基金。这样不仅能够较大概率地满足对投资收益率的需求，也可以通过资产配置的方式分化风险。除此之外，投资者也可以通过定投一只偏股型混合基金来实现收益目标。

需要注意的是，投资理财不是一劳永逸的。所以，投资者不妨以年为周期，定期检查一下自己的资产配置，根据资金的变化及时调整资产配置组合。有一个通用的规律是，随着年龄逐渐增大，风险类资产比重应该逐步降低，而固定收益类资产的配置比重可以相应增加。

35岁开始：退休金储备第一

35岁时，收入正处于上升期，可投资的金额明显增多，加上离退休时间较长，退休金的储备压力不大。关键在于，选择预期收益率较可观的投资产品作为长期投资工具，以获取资金增长的进攻性，同时在多种市场进行资产配置，摊平风险，就能从大概率上提前储备好退休金。不过最重要的一点是，心中时刻铭记“退休金储备存折”的存在，杜绝非理性盲目投资。

宜规划，忌盲从

案例 6-3

年近35岁的董静有夫有儿有房有车，当然，也背有房贷。不过由于夫妻两人的收入高，每个月6000元的房贷压力对董静来说并不算大，而且还能结余不少钱。看着周围同事朋友们都在进行基金投资，董静也拿着这些每月结余加入了投资的队伍。

对基金投资的门外汉董静来说，挑选基金就如同在菜市场买菜一样。这只听上去不错，不如定投一些；那只看上去很有吸引力，那就申购5000元的吧！最近市场走势很好，加点仓可能更好……

不算不知道，一算吓一跳。今年董静一盘点，发现3年下来，自己居然持有了8只股票型基金，单笔申购的基金投资总额超过20000元，定投每月扣款也有8000元。怪不得这两年自己的家庭存款始终不见增多，董静陷入了深深的焦虑之中，夫妻俩为此也大吵一架。

投资人的心理特性常常使他们进入追涨杀跌的非理性状态。如果没有很好的理财规划，其实是非常危险的，因为人们会情不自禁地让自己陷入市场涨跌的迷幻陷阱中，导致投资的失败。

35岁的人群个人收入正处于不断上升的阶段，与此同时，经济压力也比较大，需要考量的财务支出方向很多，比如房贷、子女教育金等。所以，很多人跟董静一样，迫不及待地想着：“我要去投资！”可是，具体怎么投，为什么目标而投，却常常没有规划。正因为如此，才会出现董静这样的情况，虽有大量的基金投资，但是最需要靠岁月发挥复利作用的养老退休金筹划却迷失其中。

从董静的例子中，我们还能看出好习惯的养成对投资是多么重要——如果董静能够早一点对自己的投资行为进行盘整，那么这些问题可能也会更早地浮现在眼前，也不至于出现当下的“投资品种单一”、“投资金额多于收入”、“投资不乐观，存款无累积”的财务危机。因此，投资者最好定期对自己的资产和投资理财行为进行规划总结，一般以一年一次为宜。

调整可投资现金流

与 25 岁时相比，35 岁家庭的明显特点就是可支配收入增加，而目前董静家庭的现金流状况最大问题也源于此——由于收入增加，缺少计划的董静将过多的资金放入投资中，导致过度化投资。

董静显然是有投资意识的，但却没有详细的投资规划和清晰的投资目标。建议董静先降下自己每个月的定投扣款额度，慎选投资产品，解决投资过度的问题。可是选择停止投资哪几只基金，又继续投资哪几只基金呢？

在回答这个问题之前，先来看两个测试。

测试 6-1

假设你长期用同一组号码购买彩票，并且没有中奖。这时你的朋友劝你换一组号码（当然也是随机的），你会听他的建议吗？

测试 6-2

你手上同时持有两只股票。股票 A 盈利 10%，股票 B 亏损 10%。这时你急需用钱，必须抛售其中一只。你会选择卖出哪只呢？

在测试 6-1 中，无论是自己选中的号码还是朋友建议的号码，其实中奖的概率都是一样的。如果对于新一期彩票，你继续坚持初始号码，但是朋友推荐的新号码中了奖，你会觉得很沮丧——这种沮丧源于“不作为”；如果你听从了朋友的建议启用了新号码，结果初始号码中奖了，你也会感到沮丧，而这种沮丧之情，比不作为时带来的遗憾更大，因为行动的遗憾要比不作为的遗憾造成更大的痛苦。

在心理学上，有一个词叫“后悔厌恶”——也就是说当人们做出错误的决策时，会对自己的行为感到痛苦。运用到测试 6-2 的情形，大多数人都会倾向于继续持有账面上已产生投资亏损的股票，而卖出账面上已产生盈利的股票。因为投资者赢利时，面对确定的收益和不确定的未来走势，为了避免价格下跌而带来的后悔，倾向于风险规避而获利了结；当投资者出现亏损时，面对确定的损失和不确定的未来走势，为避免立即兑现损失而带来的后悔，倾向于风险寻求而继续持有股票，期待未来的上涨。

事实是，在同样的市场环境下，股票 A 走势更好，一般情况下是因为企业 A 的公司管理能力、盈利水平等表现更好，所以股票 A 更有潜力，未来走势强于 B 是大概率事件。主动管理型股票基金也是如此。在相同的市场环境和时间段中，基金 A 表现优于基金 B，说明基金 A 的投资策略、投研水平、选股能力等更有竞争力，最正确的做法应该是“售亏持盈”，保留表现好的基金，对表现不尽如人意的基金进行调整。

总结起来，检视现金流的目的在于将家庭闲置资金（或者说使用效率较低的资金）进行整合，以重新规划更好地为退休金筹划做准备。除去整合调整金融产品之外，投资者还可以通过减少不必要开支等方式来增加储蓄额。

重新规划投资配置

35 岁家庭需要为自己的投资计划制定一条主轴——25 年后拥有足够的退休金储备。虽然在具体投资行为中，并不需要特意单立一个账户专供退休金的储备，但是其重要性在众多目标中应该是第一位的，投资者的心中需要时时刻刻留有这个养老金存折，避免无规则地乱投资、乱消费。

由于董静家庭可以投资的金额较多，所以可以考虑建立比较完善的基金组合。具体配置方面，可以参考“投资 100 原则”，即投资于权益类资产的比重 =（100-年龄）×100%。例如，35 岁时可以投资 65% 于权益类资产，投资 35% 于固定收益类资产。虽然未必完全按照这一比例执行，但是“投资 100 原则”告诉了人们一个道理：年轻时风险类资产比重可以适当增加，以期获得更好收益；随着年龄增加，固定收益率资产比重可以增加，起到降低组合风险的作用。

如同前一章所说，基金定投是一个聚沙成塔、充分利用时间价值的投资工具。因此可以采取基金定投的方式作为养老规划的主要投资工具，即投资组合中的“核心组合”。而从资产配置分散风险的角度考量，可在外围组合中搭配债券型基金等固定收益类资产，以及投资于海外股票市场、黄金市场等其他市场的投资产品，以分散风险。

具体来看，核心组合的基金定投计划，可以定投于一只具有良好成长性的股票型基金，比重可以占投资总金额的 50% 左右，从长期来看，核心组合能够保证较可观的收益率；而在外围组合的配置上，建议投资 30% 左右的资产于债券型基金，剩下的资产可根据投资者风险承受能力和风险偏好的不同进行合理配置。对于风险偏好较为积极的投资者来说，可以定投 QDII 基金、黄金基金等；对于风险偏好较为保守的投资者来说，则可投资于混合基金或货币基金，在流动性、收益性和安全性中寻求平衡。

35 岁开始准备，只要把握住核心组合的收益进取和外围组合的风险分散，心中始终有一根“为养老而投资”的弦，那么投资状况一定会朝良性的方向发展，“老有所依”指日可待。

45 岁开始：抓紧应对为时未晚

45 岁为退休养老做准备，最需要注意的就是稳健投资。但是稳健并不意味着保守，也并不意味着不选择任何风险类资产。较为明智的做法是，选择适合自己风险承受能力和投资经验的产品作为投资工具，同时慢慢将部分资金转入商品。离退休还有 15 年时间，充分利用投资足以有一番作为。

45 岁时才听说退休养老存折，是不是已经来不及筹备退休金了？几百万元的退休金缺口如何才能弥补？其实 45 岁开始准备养老金，虽然没有年轻时轻松，但是只要抓紧应对，仍可亡羊补牢未为迟也。

亏损的恐慌与财务缺口的恐慌

案例 6-4

儿子今年步入大学，45 岁的老姚夫妇觉得现在日子过得还不错。每天早上，老姚准时去单位上班，妻子方女士则在家里打点家务，侍弄花草。晚上，两口子会在晚餐过后去小区里遛弯，和邻里们闲聊几句。周末时，偶尔还会和儿子一起“远足”放松心情。

眼下虽好，老姚却开始担心未来的退休生活。据说养老需要准备几百万元资金才够用，眼下自家的存款只有 40 万元，老姚有些犯愁。

老姚投资基金已有 5 年时间了，期间也有几次申购赎回的过程，从投资中获得的收益为儿子初、高中的教育金做了不小贡献。但问题是，虽然基金投资正在继续，可是老姚从思想上却没有做好“为养老而定投”的计划，而且，老姚对可能存在的亏损风险忧心忡忡。他该怎么办呢？

总结起来，45 岁的人群通常沦陷在对亏损的恐慌和对养老财务缺口的恐慌之中。

人们也常常会听到“年纪大了就不要进行高风险的投资了”。在收益和风险的博弈中，很多人都会产生不同程度的困扰。

那么，年纪大了，是否应该降低投资风险？

首先需要肯定的是，随着年龄的不断增加，投资者承担风险的能力比较弱，对风险也应该更加敏感，投资行为更为稳健。但是，稳健不等于保守，对每个人来说，投资工具的风险大不大，取决于个人对这个投资工具的经验值。就好比对股票投资深有研究的股神巴菲特，即便年龄已逾 80 岁，仍然在继续进行股票交易。

所以说，对于即将步入老年的中年人来说，稳健并不意味着停止投资，而是意味着选择合适的产品和比例进行资金配置，严格遵守投资纪律，以成熟的心态做投资。

长期视角下的退休金准备

从 45 岁到 60 岁退休，还有 15 年的时间。虽然从短期来看，市场的波动会让老姚这样的投资者心生恐慌，但是从长期来看，时间会熨平许多波动。以上证指数为例，自 1990 年 12 月 31 日到 2011 年 12 月 31 日，上证指数期间涨幅为 2189.87%，年化收益率可以达到 16.08%。

若是以 15 年为一个循环周期，上证指数自 1991 年至今有 7 个循环周期。让我们看看这期间证券市场表现如何。

由表 6-4 可见，如果能够好好利用退休前的 15 年进行投资，加上老姚现在 40 万元的初始资金，通过投资理财筹划退休金其实大有作为。

慢慢将部分资金转入保守产品

不过，目前老姚的 40 万元存款并不能全部用于基金投资。中老年人的投资，风险意识要稍微提高，切忌将所有积蓄押注于同一风险市场。

表6-4 上证指数收益表现

时间段	总收益率	年化收益率
1997.01.01—2012.01.01	139.67%	6%
1996.01.01—2011.01.01	426.47%	11.71%
1995.01.01—2010.01.01	424.33%	11.68%
1994.01.01—2009.01.01	120.22%	5.4%
1993.01.01—2008.01.01	498.09%	12.66%
1992.01.01—2007.01.01	781.44%	15.61%
1991.01.01—2006.01.01	791.82%	15.7%

数据来源：天相投顾。

具体到投资行为中，以基金投资为例，在基金定投和单笔投资的运用上，建议老姚以基金定投为主、单笔投资为辅的投资术——将较多的资金留在市场重挫后的加码行为，就相当于为市场上涨积累了能量，这对中老年投资者来说更为明智。

同时需要注意的是：中老年后要慢慢做“收网”的工作。建议老姚将积累的资金慢慢从投资中转出来，存到较为保守保本的金融产品里。比如，从现在开始陆续将三分之一到二分之一的钱投资定存或者收益固定的产品等。

投资获利时是落袋为安还是进行再投资？对于 45 岁的人群，建议获取利益后及时落袋为安，然后再将这笔资金继续转入保守稳健的投资产品，守住投资成果，为退休养老做好储备。

【第 7 章】

指赢定投魔法

指数基金，定投好标的

选择指数基金作为基金定投的标的，并不是因为指数基金收益更高，而是因为指数基金为投资者提供了更为便利的投资体验，同时又可以让投资者对不同指数偏好的见解得以表达。

选择指数基金，解决择时烦恼

案例 7-1

27 岁的李扬虽然刚步入职场没有多久，却已经对未来职业发展有了美好的愿景——50 岁提前退休。当然，提前退休就意味着需要从现在开始做好财务规划，多挣钱，多储蓄。

李扬目前每月工资盈余并不多，但是他却深谙“不积跬步，无以至千里”的道理，决定从现在开始基金定投：一是基金定投可以积少成多，当成强制储蓄来用；二是把资金交给专业的投资团队，李扬也比较放心。

千里之行，始于足下。可是李扬在迈出第一步时就遇到了困难：怎么挑选定投的基金呢？比较各只股票型基金投资风格的不同？太专业了，李扬没有投资经验，也没时间做研究。比较各只基金的过往业绩优中选优？虽说不失为一个好方法，可是且不说寻找这些数据的麻烦程度，李扬也不知道该以多长的周期来评判一只基金的好坏，再说过往的业绩也不代表未来……李扬情不自禁地想问：“林林总总的基金，我该定投哪一只呢？”

几乎所有投资者在定投开始前都会问同一个问题：“应该买哪只基金？”的确，择时和择股是困扰投资者最重要的两个问题，也恰恰是决定投资结果最重要的两个因素。既然基金定投解决了择时的问题，那么择股问题如何解决呢？

对投资经验较为欠缺的投资者来说，选择指数基金能够有效地帮助他们摆脱择股的烦恼——指数基金以指数成分股为投资对象，目的是使其投资组合的变动趋势尽可能与指数保持一致，以便取得与指数大致相同的收益率。所以，投资者只要选定了以某一指数为标的的指数基金，就相当于选择了某个市场、某个风格中最优秀的股票组合，指数基金为投资者提供了省时省力的投资好标的。

选择指数基金，获得市场平均回报

投资回报无疑是投资者最关心的问题。如果指望收获超出市场的超额投资收益，那么指数基金恐怕无法完成这一投资目标。但是，指数基金却能“中规中矩”地反映一个市场的平均水平，获得市场平均回报。

可不要小看这样的市场平均收益。从海内外市场的历史实证来看，绝大部分投资者无法获得市场的平均收益，而每年获取超额收益的投资者更是凤毛麟角。正是因为指数基金的稳定性，连从不公开推荐任何股票和基金的股神沃伦·巴菲特，也毫不避讳地在致股东的信中多次表达他对指数基金的青睐。

怎么看待指数基金的收益呢？如果从单一年度的股票型基金收益率排行来看，指数基金很少能够拔得头筹；但难能可贵的是，指数基金的表现永远不会太差，永远都能和它关注的市场保持步调的一致。

美国投资大师、华尔街专业投资人伯顿·麦基尔(Burton G. Malkiel)的一席话，也许能很好地概括指数基金在投资回报上的特色：“不错，一旦你选择了指数基金，也就意味着你在高尔夫球俱乐部，再也无法向别人吹嘘你如何抓住了黑马，并从中大捞一笔的辉煌经历。指数基金排除了你暴富的可能，但同时也排除了你巨亏的可能。”

选择指数基金，表达投资见地

定投指数基金是傻瓜投资术吗？并不尽然，因为对投资者来说，在进行基金定投之前，还需要做一件事——选择指数。目前市场上的指数正在朝多元化方向发展，投资者面临的选择也非常多样。

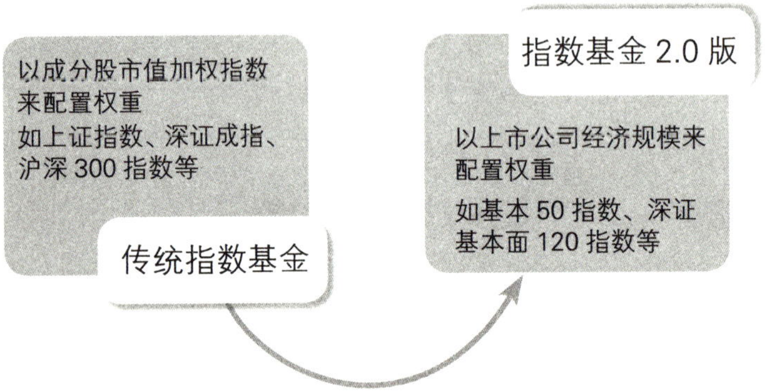

图 7-1 指数基金编制升级路线

具体来看，传统指数基金和升级版指数基金由于配置权重的方式不同，因此具有不同的特色。以沪深 300 指数和深证基本面 120 指数为例：

1. 沪深 300 指数：大盘蓝筹的优质指数。

第一，代表性强：截至 2011 年末，沪深 300 指数总市值为 13.87 万亿元，总市值占沪深两市总市值的 65.02%。

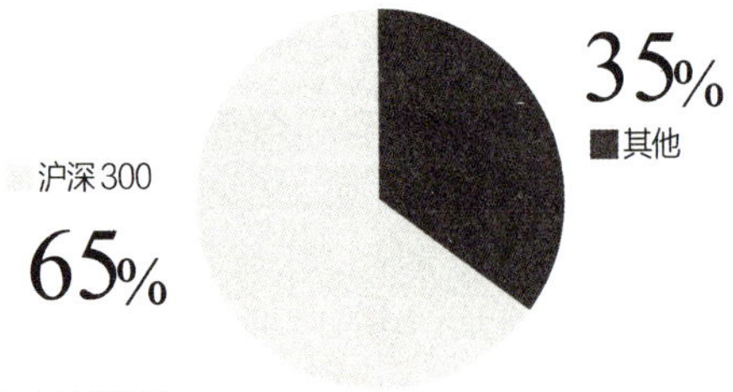

数据来源：中证指数年度运营报告。

图 7-2 沪深 300 指数的总市值占比

第二，成分股投资性好：截至 2011 年 9 月末，沪深 300 指数的 300 只股票实现净利润 12850 亿元，占上市公司全部净利润的 86.34%。

数据来源：中证指数年度运营报告。

图 7-3 \ 沪深 300 指数的净利润占比

第三，流动性好：截至 2011 年底，沪深 300 指数自由流通市值为 4.37 万亿元，占沪深 A 股比例为 56.80%。

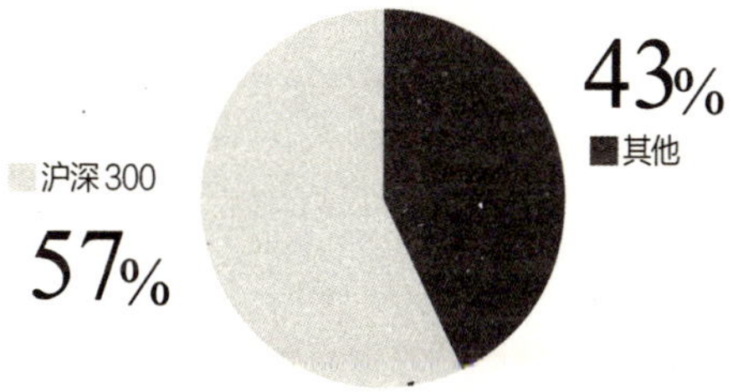

数据来源：中证指数年度运营报告。

图 7-4 \ 沪深 300 指数的自由流通市值占比

2. 深证基本面 120 指数：反映投资价值的聪明指数。

深证基本面 120 指数以上市公司的经济规模来配置权重，并通过销售额、现金流、净资产和分红四大指标来衡量公司内在基本面的投资价值，因此被称为“聪明指数”。与传统指数投资方式不一样的是，基本面指数打破了投资与价格的直接关联，让投

表 7-1 全球基本面指数与传统指数的收益

	基本面指数与对应的市值加权指数	2010（%）	2009（%）	2008（%）	2007（%）	2006（%）	五年累计收益率（%）
美国大盘股市场	基本面美国大盘指数	19.98	41.98	-39.99	3.05	19.68	26.08
	S&P 500	15.06	26.46	-37.00	5.49	15.79	11.97
发达国家市场	基本面发达国家大盘指数	11.22	40.60	-42.27	9.96	26.34	25.41
	MSCI 每日总收入全球指数	12.34	30.79	-40.33	9.57	20.65	15.90
日本市场	基本面日本指数	19.62	-9.68	13.68	-11.74	-1.65	6.61
	MSCI 日本指数	15.59	6.39	-29.11	-4.14	6.33	-11.14
欧洲市场	基本面欧洲指数	2.49	47.11	-47.98	16.30	38.06	25.93
	MSCI 欧洲指数	4.49	36.81	-46.08	14.39	34.36	18.47
美国小盘股市场	基本面美国小盘指数	29.36	55.74	-38.28	-0.64	18.70	46.65
	美国罗素2000小盘指数	26.85	27.17	-33.79	-1.57	18.37	24.44
新兴市场	基本面新兴市场指数	18.26	81.88	-49.27	45.04	40.59	122.50
	MSCI 新兴市场指数	19.20	79.02	-53.18	39.78	32.59	85.17

数据来源：海通证券。

资回归最本质的公司基本面。

由于中国市场的基本面指数出现得较晚，我们以海外基本面指数的历史走势为例，看看基本面指数和传统指数的表现情况。

基本面指数和传统指数并不存在孰优孰劣的问题，因为这是源于两种投资理念的表达。如果投资者更认同宏观经济增长的大趋势，那么传统指数基金可能更合适；如果投资者更认同价值投资的投资理念，那么基于公司基本面分析的基本面指数可能是更优选择。

除此之外，由于运作指数基金不用进行主动的投资决策，所以基本上不需要基金管理人对基金的表现进行监控。对投资者来说，这意味着可以绕开判断基金公司投资研究能力的困扰，也可以避免因为基金管理人的主观决策带来的投资风险。

总的来说，目前市场上指数种类繁多，指数基金对其中大多数指数都有所涉猎。所以，如果你看好宏观经济，或者某一个具体市场，只需要关注指数的投资市场，然后申购一只与此相对应的指数基金即可。而采取基金定投的方式，相当于为自己设定了一套投资纪律，减少市场情绪的干扰。

指赢定投三大魔法

对于有投资经验的投资者来说，传统的定时定额投资似乎有些刻板，无法对市场走势有直接的反映，投资者自己发挥的空间也十分有限。不妨尝试一下升级版的定投——指赢定投，三种方式轻松随市而动，同时为投资者提供了更多的选择自由。

案例 7-2

芮先生是一位有十几年股票投资经验的老股民，亲历了 1996 年、2001 年的两次股市大跌，至今仍然心有余悸。自从指数基金推出以来，芮先生开始转移战场，慢慢将资金移到指数基金的投资中来。之所以选择定投指数基金，一方面是因为指数基金的高股票仓位不会远离股票市场的收益，另一方面也是因为指数基金是跟踪指数的被动投资品种，并不需要自己费力选股。

但是对于像芮先生这样的有丰富投资经验的投资者，每个月被动地将资金投入到基金中交由专业人士打理，虽然更为保险稳妥，却又少了些交易的乐趣。芮先生甚至有点怀念以往做股票波段的日子了……

希望在定时定额投资中增添一些自己对市场的判断，能够自主加仓减仓？试试嘉实基金推出的指赢定投吧。只需自己稍稍设定，投资就会变得更贴心！

指赢定投魔法之一：自动落袋为安

对于厌恶风险的人来说，使用这一定投魔法简直太省心了。投资者只需要设定每个月固定的定投金额以及期望收益率，当定投账户达到设定收益率时，便会停止扣款获利了结，实现落袋为安。

假定芮先生每个月定投金额 5000 元，期望收益率为 30%，那么一旦实现了预期收益，定投就会自动停止，同时完成基金赎回。如表 7-2 所示，芮先生从 2008 年 9 月开始定投沪深 300 指数，到 2009 年 6 月末，芮先生定投账户的累计收益率超过 30%，这时候指赢定投会判定定投终止，获利了结。

表 7-2 全球基本面指数与传统指数的收益

扣款日期	每月定投金额	投资总成本	沪深 300 指数	模拟净值	每月申购份额	累计申购份额	资产总现值	投资收益	损益比率
2008.09.26	5000	5000	2244	2.244	2228	2228	5000	0	0%
2008.10.27	5000	10000	1655	1.655	3021	5249	8688	-1312	-13%
2008.11.26	5000	15000	1844	1.844	2711	7961	14680	-320	-2%
2008.12.26	5000	20000	1862	1.862	2685	10646	19823	-177	-1%
2009.02.02	5000	25000	2057	2.057	2431	13077	26899	1899	8%
2009.02.26	5000	30000	2190	2.19	2283	15360	33638	3638	12%
2009.03.26	5000	35000	2480	2.48	2016	17376	43093	8093	22%
2009.04.27	5000	40000	2513	2.513	1990	19366	48666	8666	21%
2009.05.26	5000	45000	2720	2.72	1838	21204	57675	12675	28%
2009.06.26	5000	50000	3128	3.128	1598	22802	71326	21326	43%

说明：以沪深 300 指数为标准折算每期申购金额，如扣款日无指数则顺延为下一个工作日指数。
数据来源：嘉实基金。

指赢定投魔法之二：盈利落袋，投资继续

如果不想放弃继续获得基金收益的机会，那么投资者也可以在指赢定投中进行自主设置，当定投账户达到设定收益率时，账户获利部分会支付给投资人以寻求落袋为安，但定投不会停止扣款，定投继续。投资人甚至还可根据市场情况，重新设定目标增加每月定投金额。

以表7-2的情形为例，在这种方式下，当2009年6月26日获利超过30%以后，芮先生可以获得获利的21326元，同时定投将会继续进行——即芮先生仍以每月5000元的资金继续投入沪深300指数的基金定投中，直到下一次获利超过30%。

指赢定投魔法之三：定投加码随市而动

对于像芮先生这样对市场有基本判断的投资者，嘉实基金指赢定投还有更多的发挥空间提供。投资者可以根据市场走势设置定投加码点和加码比例，时机到了就确定执行。

为什么要进行定投加码？市场总是波动前行的，大家都希望能够踩准时点，在市场低点多买进些风险资产，以实现低买高卖。通过指赢定投设置定投加码就能实现这一点——投资者可以在市场下跌到某一比例时设定加码份额，这就相当于在市场低位时购买了更多基金份额，也就是为接下来的市场上涨积累动力和能量。

仍以芮先生的投资为例，芮先生每月定投5000元于沪深300基金，期望收益率为30%。当账户收益率为负时，下一次定投周期就加码定投，加码金额为账户总投资额的30%。我们通过实际市场看看这种定投方式具有怎样的魔力。

通过这种随市加码的形式，芮先生能够获得10%的收益；而如果采取传统的基金定投，同样的定投区间内的投资回报仅为3.1%，可见智能加码的定投收益优于传统定投。不过需要注意的一点是，采用这种方式对客户闲置资金的数量要求更高——芮先生其中一期的定投投资金额就高达84888元。所以，定投加码虽然能带来更好的投资收益，却也需要投资者量力而行。

对一些投资者来说，指数基金的被动化投资也许过于中庸，那就从指赢定投的三种形式中选择出适合自己的方法，为自己的投资行为增添些乐趣吧。

表7-3 指赢定投魔法之三示例

扣款日期	每月定投金额	投资总成本	沪深300指数	模拟净值	每月申购份额	累计申购份额	资产总现值	投资收益	损益比率
2009.06.26	5000	5000	3128	3.128	1598	1598	5000	0	0%
2009.07.27	5000	10000	3744	3.744	1335	2934	10985	985	10%
2009.08.26	5000	15000	3172	3.172	1576	4510	14306	-694	-5%
2009.09.28	9500	24500	2973	2.973	3195	7706	22909	-1591	-6%
2009.10.26	12350	36850	3414	3.414	3617	11323	38657	1807	5%
2009.11.26	5000	41850	3486	3.486	1434	12757	44472	2622	6%
2009.12.28	5000	46850	3478	3.478	1438	14195	49370	2520	5%
2010.01.26	5000	51850	3243	3.243	1542	15737	51034	-816	-2%
2010.02.26	20555	72405	3282	3.282	6263	22000	72203	-202	0%
2010.03.26	5000	77405	3275	3.275	1527	23526	77049	-356	0%
2010.04.26	5000	82405	3172	3.172	1576	25103	79626	-2779	-3%
2010.05.26	29722	112127	2814	2.814	10562	35665	100361	-11766	-10%
2010.06.28	38638	150764	2717	2.717	14221	49886	135539	-15225	-10%
2010.07.26	50229	200994	2811	2.811	17869	67754	190458	-10536	-5%
2010.08.26	65298	266292	2851	2.851	22904	90658	258466	-7826	-3%
2010.09.27	84888	351179	2905	2.905	29221	119879	348249	-2930	-1%
2010.10.26	5000	356179	3466	3.466	1443	121322	420501	64322	18%
2010.11.26	5000	361179	3195	3.195	1565	122887	392623	31444	9%
2010.12.27	5000	366179	3100	3.1	1613	124500	385949	19769	5%
2011.01.26	5000	371179	2978	2.978	1679	126179	375760	4581	1%
2011.02.28	5000	376179	3240	3.24	1543	127722	413819	37639	10%

说明：以沪深300指数为标折算每期申购金额，如扣款日无指数则顺延为下一个工作日指数。
数据来源：嘉实基金。

AUTOMATIC
INVESTMENT PLAN

爱嘉定投魔法之

技巧篇

【第 8 章】

挑选基金 6 心法

选择积极配置型基金

既然选择了定投，就认可了定投优势——分批进场，分散可能买高的风险；持续扣款，利用低价摊平投资成本，从而达到“低买高卖”的效果。那么想找到低点进场、高点出场，当然要选择积极配置型基金。

保守型基金因为走势较为平稳，定投方式与一次性投入的效果差别较小，“浪费”了定投的特性。相比而言，积极配置型基金因为投资更为主动，其净值波动也更大。因此，定投积极配置型为投资者提供了在更低价位购买、更高价位抛出的可能性。

轻松跑赢大盘

积极配置型基金由于主动管理和积极投资，获得高收益的可能性更大，高收益的空间也更大。在优秀基金公司的管理和市场行情配合下，当积极配置型基金净值大幅上涨时，那些为上涨前储备的“筹码”——低价份额就会发挥出很大作用。因此，在积极配置型基金中选择业绩优秀的基金进行定投，在一定的周期下会获得较好回报。

从图8-1、图8-2我们看到，不管是在3年周期还是在5年周期中，定投业绩优秀的积极配置型基金的收益率，均跑赢了定投于上证综指和沪深300的收益率。

更多超额收益

同时，数据还显示，若以沪深300和上证综指为业绩标准，定投业绩优秀的积极配置型基金所获的超额收益也很大。近5年前10名积极配置型基金定投的超额收益均超过了 15%，最高达到 64.26%；近 3 年的均超过了 10%，最高达 27.95%。

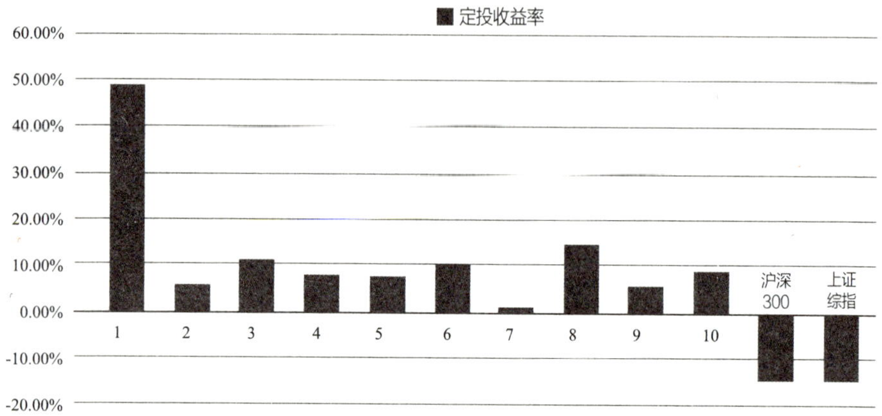

说明：时间区间：2007 年 2 月 16 日至 2012 年 2 月 16 日。纳入统计的开放式基金为股票型基金和混合中偏股型基金，并剔除指数型、QDII 基金以及时间周期内成立的基金。
数据来源：好买基金网、和讯。

图 8-1 近 5 年前 10 名积极配置型基金与沪深 300、上证综指定投收益比较

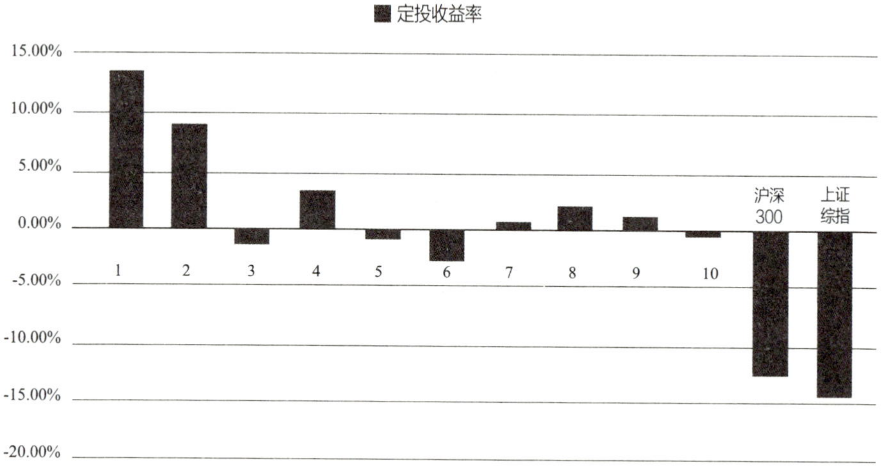

说明：时间区间：2009 年 2 月 16 日至 2012 年 2 月 16 日。纳入统计的开放式基金为股票型基金和混合中偏股型基金，并剔除指数型、QDII 基金以及时间周期内成立的基金。
数据来源：好买基金网、和讯。

图 8-2 近 3 年前 10 名积极配置型基金与沪深 300、上证综指定投收益比较

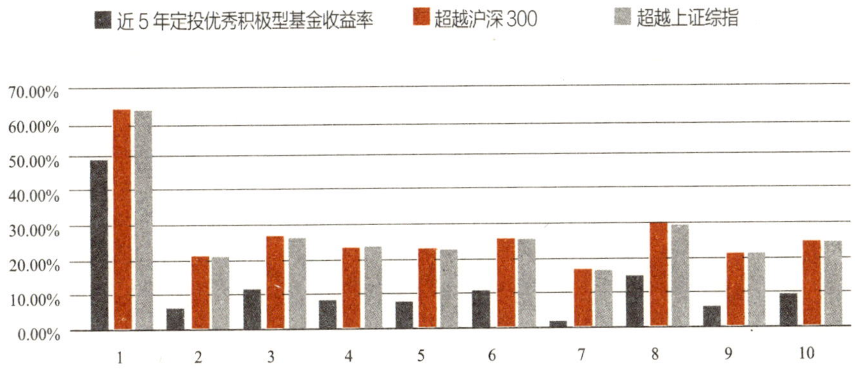

说明：时间区间：2007 年 2 月 16 日至 2012 年 2 月 16 日。纳入统计的开放式基金为股票型基金和混合中偏股型基金，并剔除指数型、QDII 基金以及时间周期内成立的基金。
数据来源：好买基金网、和讯。

图 8-3 近 5 年前 10 名积极型基金定投的超额收益情况

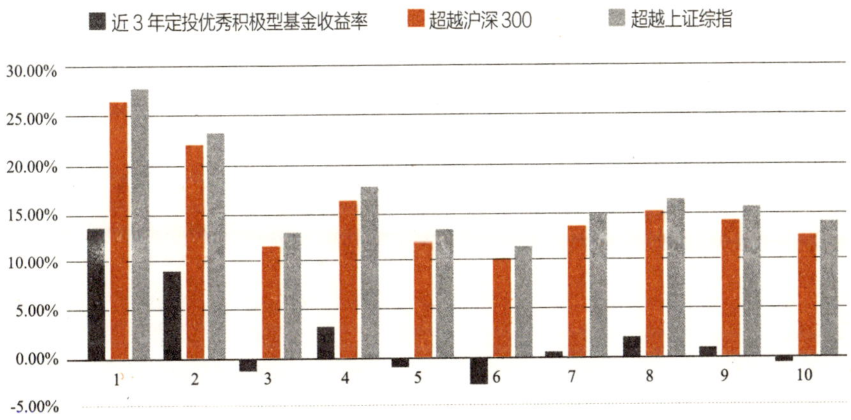

说明：时间区间：2007 年 2 月 16 日至 2012 年 2 月 16 日。纳入统计的开放式基金为股票型基金和混合中偏股型基金，并剔除指数型、QDII 基金以及时间周期内成立的基金。
数据来源：好买基金网、和讯。

图 8-4 近 3 年前 10 名积极型基金定投的超额收益情况

新兴市场更优秀

一般来说，定投于新兴市场优于成熟市场，区域型优于全球型，全球型又优于单一国家或产业 / 主题基金。

相比成熟市场，新兴市场的经济增长速度较快，具有较好的成长性。作为新兴市场的代表，中国市场还具有其他的优势：

1. 经济增长速度遥遥领先，成长性更佳。

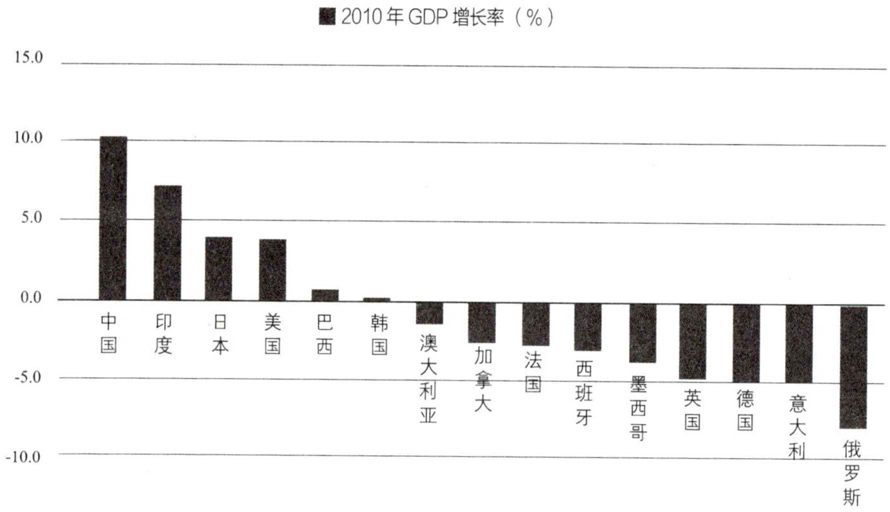

图 8-5 2010年世界主要国家GDP增长率

2. 市场一旦走出低迷，强劲上涨能为定投带来更多超额收益。

3. 市场较大波动相当考验单笔投资的择时能力，但有利于定投涨多时停利卖出、跌深时逢低摊平。

区域型基金通常包括不同市场或产业、主题（如基础建设产业、大宗商品主题），而各市场或产业、主题表现有好有坏，可以取长补短，适度分散风险。

挑选长期业绩好的基金

定投一般需要在一个较长的周期内平抑波动风险，我们也看到定投于业绩优秀的积极配置型基金会取得较好的收益。因此，在选好适合的基金类型之后，投资者还要从同类型基金中，挑选出中长期业绩较好的基金。

虽然过去业绩不代表未来的表现，但投资基金需要以过去的结果、业绩为主要考察指标。

有些投资者会有“第一名”情结，喜欢购买业绩第一名的基金。其实第一名的基金，并不代表它是常胜将军。以股票型基金为例，取得第一的成绩往往是因为重仓押中了某些股票而净值大增，它们业绩虽然居前，却不代表年年都能押到牛股获得丰厚回报，其业绩容易大起大落。所以挑选中长期业绩稳定居前的基金反而比较重要。

所谓中长期业绩较好，是指最近的一段周期里（比如 3 年）业绩都在前列（比如排名前 1/3）的基金。挑选原则是周期先长再短，业绩永远排名前端，长中短期都位于前 1/2 的基金。

从历史情况来看，经济走完一个景气循环一般需要 3 年时间，如果一只基金在近 3 年的业绩都能稳居前端，在一定程度上表明了，无论在任何景气阶段，这只基金都能击败多数对手并提供相对稳健的回报。

如何挑选长期业绩好的基金

1. 看近 5 年或 3 年长期业绩。从同类基金中挑选出 5 或 3 年业绩排名位于前

1/2（基金数多可变通）的基金。

2. 检视近 2 年或 1 年中期业绩。再从第 1 步选出的基金中，筛选出近 2 年或 1 年业绩排名位于前 1/2（基金数多可变通）的基金。

3. 检视近 6 个月短期业绩。再从第 2 步挑出的基金里选择，留下业绩排名位于前 1/2 的基金。

测试 8-1

我们从股票型基金中挑选出近 5 年（2007 年 2 月 27 日至 2012 年 2 月 27 日）区间收益率排名前 1/2 的基金，再按 3 年周期和 6 个月周期筛选，留下共 9 只基金。

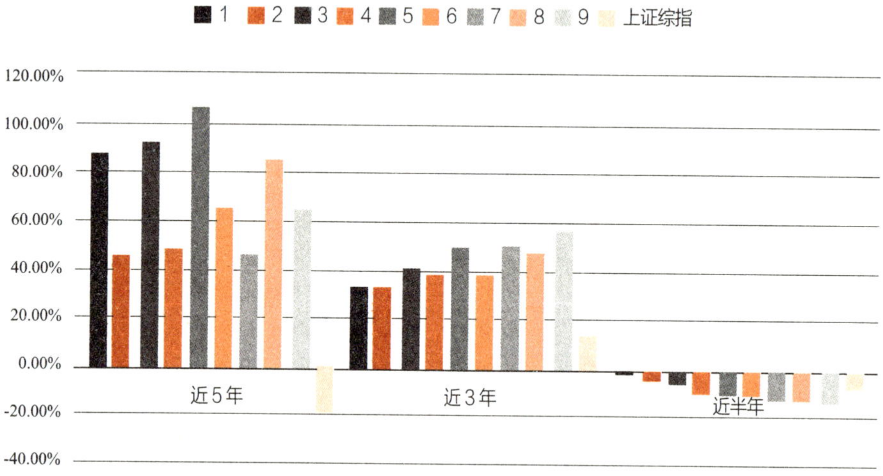

数据来源：好买基金网、天相投资。

由图 8-6 可以看出，在跨越牛熊的近 5 年周期中，所挑选出的基金，涨幅远超过大盘；在近 3 年的震荡市中，这 9 只依然保持了较好的成绩；在近 6 个月的单边下跌中，收益大致与大盘持平。

测试 8-2

从股票型基金中挑选出近 3 年区间收益率排名前 1/3（基金数目较多，因此选择更小指标）的基金，再从中挑选出近 2 年区间收益率排名前 1/3 的基金，最后检视其 6 个月短期业绩，再留下排名前 1/3 的基金。

排除时间区间内成立的新基金，近 3 年（2009 年 2 月 27 日至 2012 年 2 月 27 日）纳入统计的股票型基金共 138 只，近 2 年（2010 年 2 月 27 日至 2012 年 2 月 27 日）业绩排名挑选后剩下 15.3 只（按 16 只计算），最后筛选近 6 个月业绩（2011 年 8 月 27 日至 2012 年 2 月 27 日），留下 6 只。

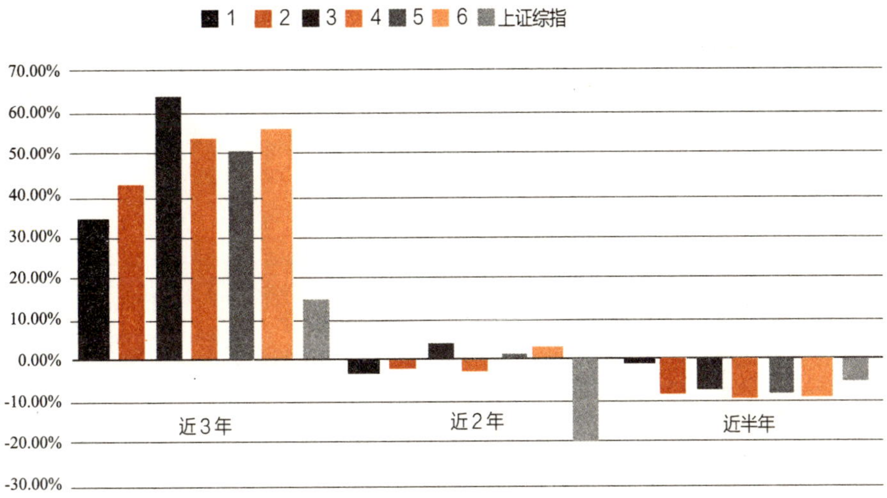

数据来源：好买基金网、天相投资。

图 8-7 近 3 年筛选后的基金业绩与上证综指比较

由图 8-7 可以看出，这 6 只基金在近 3 年的震荡市中，收益较好；在近 2 年的震荡向下行情中，其跌幅都在 5% 以内；而在近 6 个月的单边下跌中，收益也大致与大盘持平。

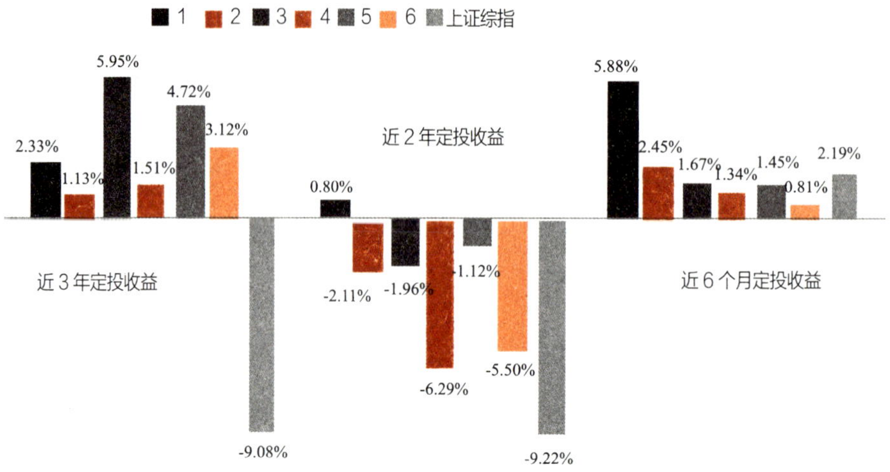

说明：定投不考虑交易费用，以期初日期作为每个月的扣款日，期末日期为赎回日，分红部分红利转投。
数据来源：好买基金网、天相投资、U8 基金网。

图 8-8 近 3 年筛选后的基金定投与上证综指定投业绩比较

现在，我们再来看看这 6 只基金的定投收益情况，如图 8-6 所示。

虽然在经济的循环周期里，市场经历了或大或小的波动，但中长期业绩稳定而且较好的基金在大波动中维持了较好的收益——上涨时进取，下跌时稳定。而定投则在此基础上，提高了获胜的概率以及稳定性。

选择好的基金公司

除了业绩之外，挑选一家好基金公司，也是选择基金的考量重点，尤其是在做定投时。因为要长期投资，基金公司的实力与稳定性非常重要。

一年一度的“晨星最佳国际基金”颁奖台上，得奖的基金经理们说的第一句话通常是“这是我们团队之功”。那些耀眼的基金经理们都会诚恳地强调“团队之功”。

实际上，基金经理并没有太多的独立自主运作资金的权利。基金的投资方向很大程度是由基金公司决策层决定，而在个股精选上，基金经理也只能在给定的股票池中筛选。基金经理不可能撇开其幕后的团队而独立完成整个投资流程。因此，选择好的基金公司尤为关键。

选择基金公司就像是挑选银行、保险公司一样。什么是“好”的基金公司？其实就是指市场风险评级好、合法诚信的公司。基金公司必须诚信而且合法，所以一家负面消息不断的公司自然不行。

选择基金公司要兼顾“软、硬”两方面，基金管理规模与持有人的数量是基金公司发展生存的“硬”基础，经营管理是基金公司发展生存的“软”基础。判断“硬”基础，主要可以从以下几个要素分析：基金公司公募基金管理规模、基金管理数量、管理运作时间、产品线是否齐全，以及持有人数量。

那么如何判断一家基金公司的管理和运作是否规范呢？首先，基金公司的治理结构是否规范、合理，包括独立董事的设立及地位等方面。其次，基金管理公司对旗下基金的管理、运作及相关信息的披露是否全面、真实、准确、及时。最后，基金公司有没有明显的违法、违规情况。结合以上三点，投资者就能够对一家基金公司的基本情况有大致的了解。

在选择基金公司的同时，还要评估基金公司的研发团队。目前一个基金管理人，可以操作不止一只基金，其背后是整体研究团队的支持。一家好的基金公司不仅要求管理资产的规模，有严谨的投资方法与纪律，更重要的是背后一定要有优秀的研究团队的支持，否则一旦基金被清算或基金经理人发生变动，基金的消失会让你的投资无法持续，而明星基金经理人离职对基金业绩更是一大考验。

要怎么判别基金公司究竟是以研究团队为导向，还是以明星基金经理为导向？如果一家公司旗下的十只基金中，仅有一只基金的业绩特别好，那就要提高警惕了。

对基金公司研发能力的分析有一定难度。如果投资者有足够的时间，可以经常去看看公司的研究报告、策略报告等。久而久之，就能慢慢判断基金公司的研发能力和市场判断能力的好坏。除此之外，有一个简单的方法，是看基金公司是不是能够及时地推出一些“应景”的新产品；再一个方法是，看基金公司旗下的基金业绩整齐程度，公司旗下同类产品业绩落差过大，往往表示公司团队作战能力不强，除了可能的管理问题，跟研发能力也有很大关系。

还要记得，选择一家好的基金公司后，千万不可以“照单全收”，要按照基金公司的专长去挑选商品。基金公司就好比是一个精品店而不是杂货店，要挑选商品，就要挑镇店之宝，去买该家公司操作得最好、最擅长的基金。

如果你没有什么投资经验，还可以再比较一下基金公司的服务，因为基金投资在不同的标的、国家或地区，所以基金表现常会随着市场行情变化，投资人需要比一般消费商品更多且更专业性的服务，所以基金公司所能提供的投资服务品质与投资者可享用的投资项目，对缺乏投资经验的投资者来说，就显得格外重要。

普通投资者，可以通过进入基金公司网站，了解公司的大体情况，特别是股东组成、历史作为、是不是有外资背景等。另外还可以通过客服电话提问，来了解基金公司的服务情况。一家出色的基金管理公司不仅是活跃在市场中的佼佼者，同时也是得到投资者与业内肯定的典范。这样的基金公司会更多地得到人们的尊重，也会为投资者提供更为优质的服务。

投资人也要了解基金公司的管理规模和发行基金的个数。因为定投是要和扣款基金长期博弈，所以即使单只基金业绩再好，如果发行公司组织运行不佳，很可能会因为研究团队或公司经营阶层转换，而影响到基金的绩效。

对于一个长期投资者而言，在考虑了以上因素外，不妨再多问自己一个问题：到底是公司的研发能力还是负责任的态度更重要？答案显然是后者。本质上，基金就是一个信托产品，所谓“受人之托，为人理财”，这种本质本身就决定了基金公司应该有“为持有人负责”的基本理念。至于研发能力，如果公司确实把持有人利益放在第一位了，那就不是一个大问题。换句话说，是否对持有人负责，是一种道德风险；研发能力，是一种能力风险。因此，在投资者购买了基金之后，要体会公司对持有人的态度。时间是对基金资产管理能力和服务质量的最苛刻考验，嘉实基金公司在同行业中一贯保持着公司整体实力、业绩与规模的高水平，旗下各类型基金全面领先，产品线各个节点整体突出。

2011 年 4 月 10 日，被誉为中国基金业“奥斯卡”的第八届金牛奖榜单发布。2010 年嘉实基金凭借雄厚的综合实力逆流而上，规模稳步增长，稳居行业前列，一举囊括 8 项大奖，并第 5 次捧起 “金牛基金管理公司”奖项。

有别于个别基金公司依靠明星基金经理一枝独秀打天下的模式，嘉实基金形成了“全天候、多策略”的立体作战模式。嘉实打造的是一支“团队赢”的投研队伍，而非单一的明星基金经理；是让具有鲜明风格与理念的基金经理，与合适的基金相匹配，而非单一方法的机械投资；是让个人经验上升为团队智慧，而非基金经理各自为战。成长投资、价值成长投资、主题投资、相对价值投资，四个策略小组的领军人物各有千秋，这也为投资者的投资安全与增值给予了最充分的保障。

2003 年—2010 年基金业金牛奖嘉实荣誉榜

- 2003 年首届中国基金业金牛奖金牛开放式基金、嘉实成长证券投资基金；
- 2004 年第二届中国基金业金牛奖十大金牛基金管理公司开放式股票型金牛基金、嘉实增长开放式持续优胜金牛基金、嘉实成长收益；
- 2005 年第三届中国基金业金牛奖十大金牛基金公司开放式股票型持续优胜金牛基金、嘉实增长；
- 2006 年第四届中国基金业金牛奖十大金牛基金公司开放式股票型持续优胜金牛基金、嘉实增长年度封闭式金牛基金、基金泰和年度开放式货币市场金牛基金、嘉实货币；
- 2007 年第五届中国基金业金牛奖十大金牛基金公司封闭式持续优胜金牛基金、基金泰和年度开放式货币市场金牛基金、嘉实货币；
- 2008 年第六届中国基金业金牛奖十大金牛基金公司开放式货币市场持续优胜金牛基金奖、嘉实货币年度同业领先开放式混合型基金、嘉实成长收益年度同业领先封闭式金牛基金、基金丰和年度同业领先开放式指数型金牛基金、嘉实沪深 300 指数年度同业领先开放式股票型金牛基金、嘉实理财通增长；
- 2009 年第七届中国基金业金牛奖十大金牛基金管理公司金牛创新奖被动投资金牛基金公司三年期开放式混合型持续优胜金牛基金、嘉实增长年度开放式债券型金牛基金、嘉实多元收益三年期开放式货币市场持续优胜金牛基金、嘉实货币年度开放式指数型金牛基金、嘉实沪深 300 指数（LOF）；
- 2010 年第八届中国基金业金牛奖十大金牛基金公司开放式股票型持续优胜金牛基金、封闭式金牛基金、股票型金牛基金嘉实策略、混合型金牛基金、三年期混合型金牛基金、指数型金牛基金。

看报酬，更要看风险

“收益越大，风险越大”是我们在投资中经常听到的一句话，为了达到收益相对最大化和风险相对最小化，专业投资者会借助一系列模型来构建投资组合。在基金定投中，除了基金业绩外，我们也可以在风险指标的帮助下，去寻求我们的最优策略。

对于大部分投资者来说，“风险”是“亏损”的代名词。而实际上，投资中所说的风险是指投资者收益率的不确定性，这种不确定性可能是盈利，也可能是亏损。

按照来源的不同，风险被分为系统性风险和非系统性风险。系统性风险更多是指“不可抗拒的外在因素”所带来的风险，其中包括汇率风险、政策风险等；而非系统性风险主要指“内在因素自身原因”所带来风险，比如管理者经营不当造成亏损。

“风险”是能被测量的，比如衡量投资收益率的波动性或是投资标的对市场变动的协同性。那么，在投资基金之前，我们先来认识一下评比基金风险的指标。

你的基金波动情况怎样

如果孩子的考试成绩时好时坏，你会觉得孩子的学习成绩很不稳定（投资中亦是如此）。数学中的方差可以描述一段时间里各数值的波动情况，方差开方会得到标准差（σ），我们可以用它去衡量这些数值表现的稳定程度。

案例 8-1

在同一个学年中，哥哥的考试成绩分别为 95 分、85 分、75 分、65 分、55 分、45 分；弟弟的分数分别是 73 分、72 分、71 分、69 分、68 分、67 分。虽然两个孩子这一年平均分都是 70 分，但哥哥成绩的标准差为 18.708 分，弟弟分数的标准差是 2.37 分，哥哥成绩的稳定性就比弟弟的差很多。

基金也是一样，净值表现不稳定，不仅影响您最后的收益，而且在期间添加了很多“不确定性”，影响您的投资心态。因此，我们可以用标准差来衡量基金在过去一段时间里净值表现的稳定程度：如果数值较高，代表这只基金历次收益率远离过去的平均收益率，说明基金业绩表现时好时坏；如果数值较低，则基金业绩的稳定度较高，更值得信赖。

不过，要切记，比较基金的标准差时，必须与同类型的基金比较，否则就好像是苹果比橙子，基准根本就不同。

晨星评级数据显示，在积极型基金 3 年标准差由低到高的排名中，嘉实主题混合基金排名第一，3 年标准差为 19.63%，排名中最后一名标准差为 32.14%；在同类的激进配置型基金中，该基金标准差也是最低，最后一名为 29.72%。标准差展现了各数值与其平均值的偏离度，现在，我们来看看嘉实主题混合基金 3 年来的波动情况。

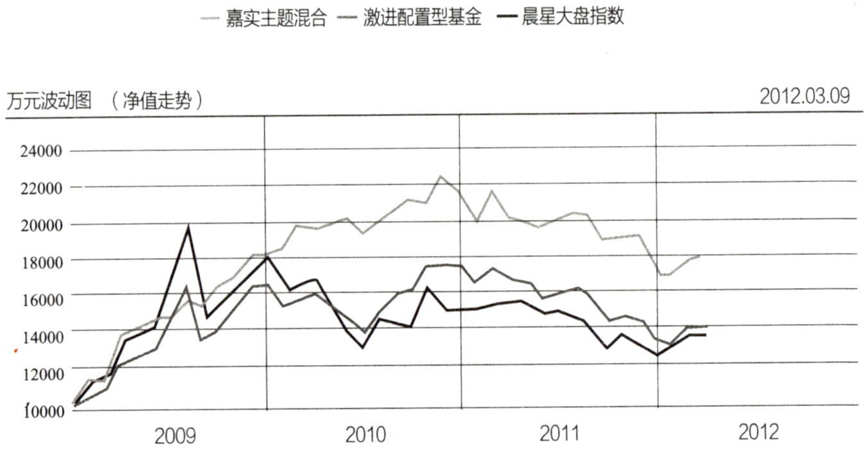

数据来源：晨星网。

图 8-9 嘉实主题混合基金万元波动图

标准差所衡量的风险，把系统性风险和非系统性风险都包含在内。而研究者通过对大的证券组合研究发现，在大的证券组合里，大部分的非系统性风险已经被分散，主要是受系统性风险影响，因此他们寻找到了一个衡量资产系统性风险的指标 β 值。

β 值反映的是一种证券/投资组合对于市场变动的反应程度，是衡量一种证券/投资组合变动与整个市场整体变动的相关性的指标。β 值等于 1 时，表示资产与市场的波动和风险相同；大于 1 时，波动更大；小于 1 时，波动较小；如果为负数，说明波动方向相反。无风险资产（比如国债和银行存款）的 β 值为 0。应用于基金，如果 β 值为 1.05，表示大盘涨跌 1%，带动基金净值涨跌 1.05%。如果 β 值为 2.00，表示基金净值对市场的反映为 2 倍，被认为充满风险。

更简单的理解是，标准差衡量的是你的孩子各期成绩与他自己的平均成绩的偏差，而 β 值衡量的是你的孩子的成绩和班里/学校平均成绩的相关性。

你承担的风险能带来多少收益

“你想获得多少收益，就要承担多大的风险”，但是每一单位风险所带来的回报，准确来说是超额回报，也是可以衡量和比较的，这个指标就是夏普（sharpe）比率。夏普比率衡量一段时间内，单位风险取得的风险回报的大小，比率越大，说明绩效表现越好。

$$\text{夏普比率} = \frac{\text{投资组合收益率} - \text{无风险收益率}}{\text{投资组合的标准差}}$$

夏普比率的公式中所采用的风险衡量指标是标准差，前文提到，标准差所衡量的风险包括系统性风险和非系统性风险，因此夏普比率比较适用于单一投资组合，与之对应的是采用 β 值作为风险衡量指标的特雷诺比率，由于 β 值适用于衡量系统性风险，因此它适合衡量多个投资组合或者分散化投资组合的绩效。

同时，为什么叫超额收益，主要在“投资组合收益率－无风险收益率”这一块。所以，这里所说的超额收益，是扣除无风险收益率（无风险资产的收益率）后的超额收益率。

一般来说，如果夏普比率等于0，就表示每一份风险所带来的报酬和银行定存相同；夏普比率大于0，则代表每一份风险所带来的报酬优于银行定存；当夏普比率小于0，就代表每一份风险所带来的报酬，不如银行定存。

既然单位风险所获的超额回报多，自然夏普比率高对投资者是有利的。但是我们知道，投资股票和投资基金，风险会不一样；投资股票型基金和投资债券型基金，风险也不一样；即便是同样的股票型基金，管理者的操作能力水平差异和所选证券不同也会导致风险不一样。因此，对于定投来说，挑完业绩、公司后，如果基金数还很多，可以优先选择一段时期内（比如3年）夏普值较大的标的，但还需要再用β值和标准差去衡量波动性。

不管是标准差、β值还是夏普比率，都涉及一些计算公式，而且其中一些数值对于普通投资者来说，不太容易找到，因此，最简单的方式是投资者借用专业网站（比如晨星网）的现成数据，来挑选定投的基金。

虽然这些指标都是评测风险，但所评测的方向却不同。正如我们刚才介绍的那样，这些风险指标背后的含义，投资者还是需要先做了解，这样才能更好地针对自己的要求和偏好去选用指标。

以史为鉴，克服恐惧情绪

周期循环是非常正常的事，涨多了跌，跌多了自然也会涨，以史为例，股市走了多年的空头，最后还是会逐步复苏。投资虽然没有“天天在过年”，但只要过了下跌期，自然会海阔天空。

参与过2007到2008年中国A股投资的股民好似坐了一次“过山车”，短短一年间，股票市场彻底完成了牛熊转换。据天相投顾统计显示，从2007年10月16日至2008年10月17日，上证综指由6124.08点下跌至1930.65点，跌幅高达67.98%，沪深300指数跌幅为68.51%。

面对一泻千里的股市，很多股民纷纷选择离场，然而中国股市一周年的牛熊交替，只是投资长河中一个插曲而已。从美国两百年的股市变迁和中国近20年的市场变化来看，股票市场呈现牛熊交替不断变化的过程，没有永远的牛市，也没有永远的熊市。

在周期循环中，不仅普通投资者难以应对惨淡的熊市，许多投资大师亦不乏“晕水”事例。1929年10月29日，是纽约交易所112年历史上最糟糕的一天。从这个“黑色星期二”开始，美国乃至全球进入了长达10年的经济大萧条时期。道琼斯股指从最高点386点跌至298点，跌幅达22%。洛威·普莱斯这位美国20世纪最具影响力的股票作手，拥有1300亿美元的庞大资产，却在这场突如其来的风暴中，狼狈收场。到1941年，普莱斯公司支票存款账户余额仅剩11.07美元。

18世纪最著名的物理学家牛顿，曾就任英格兰皇家造币厂厂长。然而，这样一位大师也有“晕水”经历。牛顿在1720年5月“南海泡沫”中买进南海股票，亏损2万英镑。按照当时牛顿的收入，这相当于他10年来的薪水。为此牛顿曾自嘲道：“我能计算出天体运行的轨迹，却依然被‘波动’的苹果砸晕。”

事实证明，没有永远的王者，没有人能抓住市场的每一次波动。对于定期定投而言，投资者无须费心选择进场时机，只要每月固定时间申购相同金额的基金。长期坚持下来，不但可以分散投资风险，而且每单位的平均成本也低于平均市场价格。基金定投要求投资者每期定额购买，严格保证了投资有纪律地进行。

定投并非保证收益，而是增加目标实现的概率。在大环境不理想的情况下，基金定投也难免遭受损失，但这是否意味着投资者要选择离场呢?

承认贪婪与恐惧是人的本性，任何投资者其实都无法彻底地根除，但是我们却可以对其加以巧妙地运用。

在牛市中，贪婪的人不但继续持有，还会购入更多的份额来追求最大化的利益。但是“行情总会在疯狂中毁灭”，我们要学会恐惧，要未雨绸缪，要选择适当时机，及时出手，落袋为安。

在熊市中，当净值处于低档时，恐惧的人既可能因为害怕原先获利会损失，过早地卖掉所持基金；也可能因为对低价心怀犹豫，错过了最佳买点。“黑暗去后就是黎明的到来”，因此我们要学会贪婪，既要继续持有，又应适度加仓，毕竟价格总会向价值回归，贪婪一点，收益就更多一点。

“坏消息是投资者最好的朋友，它可以让你以很低的市场价格分享到美国未来的一杯羹。”2008 年 10 月 17 日，巴菲特在《纽约时报》上的一篇评论中说。

我们不妨看看下面几幅图，这些基金虽然经历过收益低迷的走势，但最终还是取得了正收益，在别人恐惧时，坚持投资，等待收获的季节。

从图 8-11 中可以看出，这些基金的定投收益都表现出了良好的抗跌性和稳健的收益性，在低迷熊市中跌幅远低于上证综指，涨幅均超越上证综指。

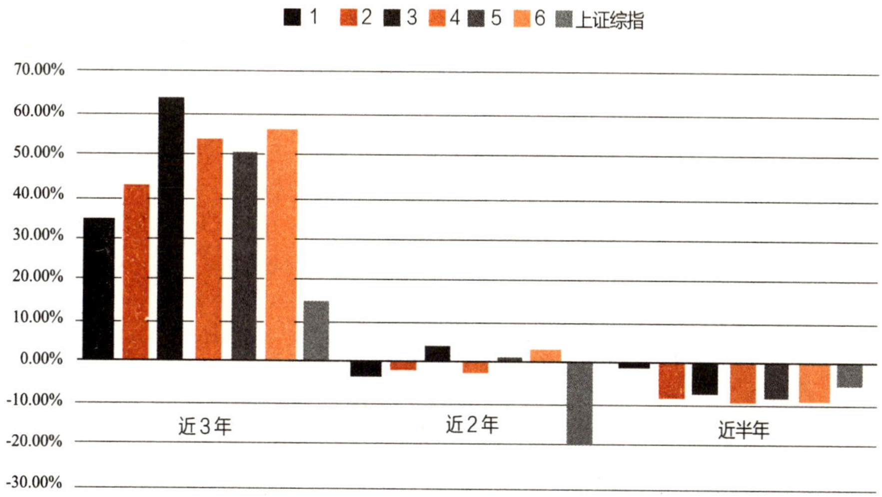

数据来源：好买基金网（数据截至 2012 年 2 月 28 日）。

图 8-10 近 3 年筛选后的基金业绩与上证综指比较

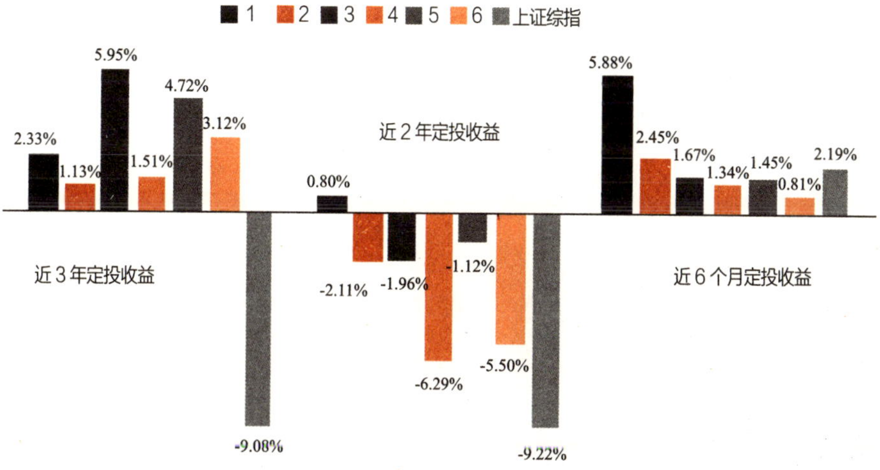

说明：定投不考虑交易费用，以期初日期作为每个月的扣款日，期末日期为赎回日，分红部分红利转投。
数据来源：好买基金网、天相投资、U8 基金网。

图 8-11 近 3 年定投筛选后的基金业绩与上证综指比较

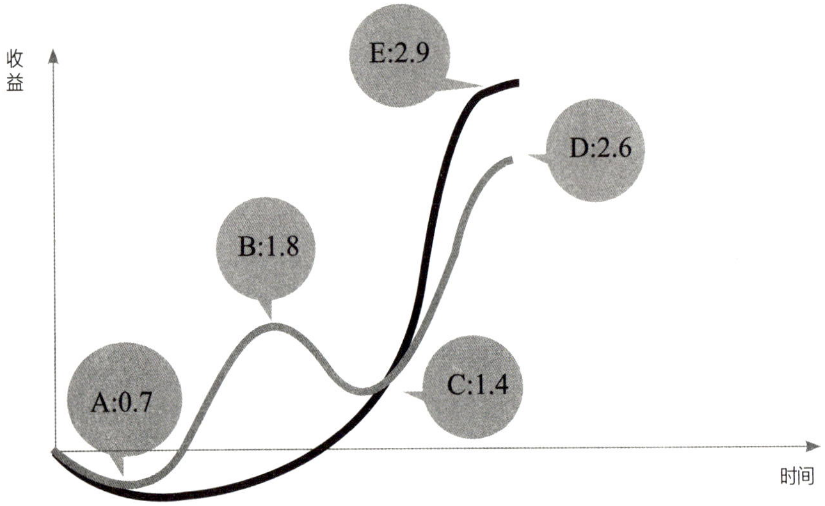

时点	心理账户	参照	经济账户	参照
A→0.7 元	亏损	1 元	亏损	1 元
B→1.8 元	盈利	A	盈利	1 元
C→1.4 元	亏损	B	盈利	1 元
D→2.6 元	亏损	E→2.9 元	盈利	1 元

图 8-12 心理账户与经济账户走势示意表

同时，这种恐惧心理有时也会因投资者的“错觉”被放大，有时候我们感觉自己的投资正在遭受亏损，其实只是心理账户的变化，并不是真实的。比如，王先生以 1 元钱的价位认购了某基金，该基金先后经历了 0.7 元、1.8 元、1.4 元和 2.6 元的价格波动，另外假设王先生其他投资品的收益为 2.9 元。我们不妨来看看王先生在基金价格变动时，他心理账户变动的情况。显然基金跌至 0.7 元时，无论是他的心理账户还是经济账户都显示为亏损，不过在接下来的价位变动中，心理账户却和经济账户的盈亏出现了“对立”的走势。

普通投资者难免会因从众心理，在熊市中起身离场，选择落袋为安，但市场总有涨有跌在所难免，“祸兮福所倚，福兮祸所伏”的辩证法一样适用于市场变迁，投资者要正确认识市场变迁，在低迷中克服恐惧，寻找机会。

下跌市场是积累资本的好时机

面对空头市场，采用单笔投资方式的投资者或许只有怨天尤人，而采用定投方式入市的投资者却能在下跌市场获得价格越来越低的筹码。定投“无需择时”的优势在下跌市场中更得到彰显。

下跌市场是积累投资资本的好机会，等到股市进入多头市场，当其他投资者还在摩拳擦掌地准备入市时，你已经开始在收获成果。

那时，定投的你不但有好的投资回报，而且可以存下一大笔资金。市场下跌时看到账上赔钱，只要能够这样想，就没什么好难过，反而会高兴。记得，定投最高境界就是跌也开心，涨也开心。

案例 8-2

熊市中定投所积累的资本，为其在牛市的上涨准备好了筹码。同时，市场下跌点至时间区间内最低点的区间（振幅）越大，定投吸纳的成本越多，之后的上涨也越多。

我们从表 8-1 中能看到，净值价格越低，定投所购份额越多，同时净值下跌越多，成本价也更被拉低。

2008 年 5 至 2009 年 8 月期间，基金净值最高 1.024 元时定投购买了 400 多份，净值最低 0.426 元时购买了 1000 多份，最终成本价为 0.6244 元。

2009 年 11 月至 2010 年 11 月期间，定投在基金净值最高 0.906 元时购买了 500 多份，净值最低 0.6557 元时购买了 700 多份，最后成本价为 0.793 元。

在两段熊市期间定投沪深 300 的收益比较的案例后，我们再来测试一下其他经历各熊市的期间，定投于上证综指的收益。

表 8-1 近 5 年 2 段经历熊市的定投嘉实沪深 300 交易明细

2008.05.01 至 2009.08.01				2009.11.01 至 2010.11.01			
定投日期	当日价格（元）	购得份额（份）	累计份额（份）	定投日期	当日价格（元）	购得份额（份）	累计份额（份）
2008.05.05	1.024	488.28	488.28	2009.11.02	0.865	578.03	578.03
2008.06.02	0.921	542.89	1031.17	2009.12.01	0.906	551.88	1129.91
2008.07.01	0.7	714.29	1745.46	2010.01.04	0.898	556.79	1686.70
2008.08.01	0.737	678.43	2423.89	2010.02.01	0.805	621.12	2307.82
2008.09.01	0.607	823.72	3247.61	2010.03.01	0.846	591.02	2898.84
2008.10.06	0.548	912.41	4160.02	2010.04.01	0.8622	579.91	3478.75
2008.11.03	0.426	1173.71	5333.73	2010.05.04	0.7719	647.75	4126.50
2008.12.01	0.482	1037.34	6371.07	2010.06.01	0.707	707.21	4833.71
2009.01.05	0.488	1024.59	7395.66	2010.07.01	0.6557	762.54	5596.25
2009.02.02	0.531	941.62	8337.28	2010.08.02	0.755	662.25	6258.50
2009.03.02	0.558	896.06	9233.34	2010.09.01	0.7455	670.69	6929.19
2009.04.01	0.652	766.87	10000.21	2010.10.08	0.7846	637.27	7566.46
2009.05.04	0.693	721.5	10721.71				
2009.06.01	0.731	683.99	11405.70				
2009.07.01	0.826	605.33	12011.03				
累计投入 7500 元，平均成本 0.6244 元				累计投入 6000 元，平均成本 0.7930 元			

说明：每月定投 500 元。

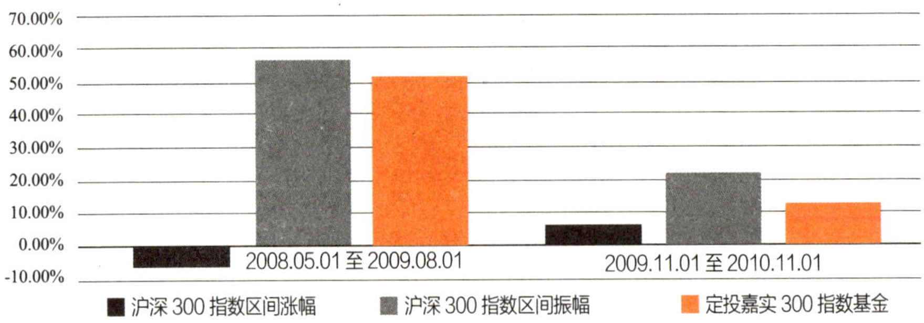

说明：定投不考虑交易费用，期初日期为每月扣款日，逢双休日和节假日往后推。
资料来源：通达信、U8 基金网、天相投资。

图 8-13 近 5 年 2 段经历熊市的沪深 300 涨幅与定投收益比较

测试 8-3

当上证综指涨回下跌时附近点位，其定投收益高出上证综指很多，而且上证综指期间振幅越大，之后的上涨也越多。

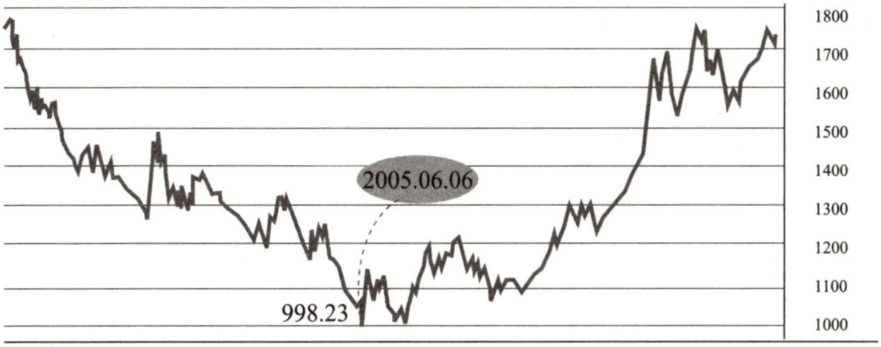

说明：时间区间：2004 年 4 月 1 日至 2006 年 10 月 1 日。模拟定投不考虑交易费用，期初日期为每月扣款日，逢双休日和节假日往后推。
资料来源：通达信、U8 基金网、天相投资。

图 8-14 2004 年熊市后 K 线图及上证综指涨幅与定投收益比较

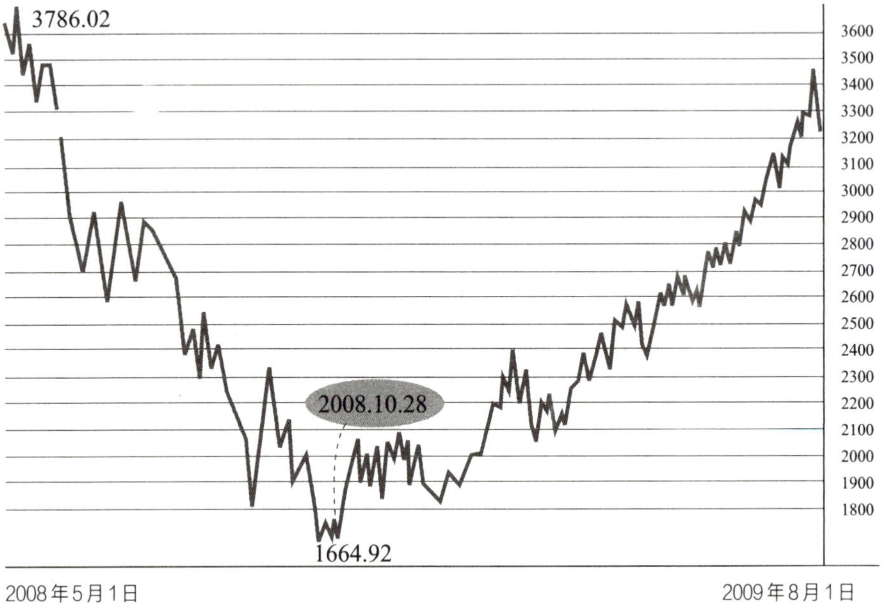

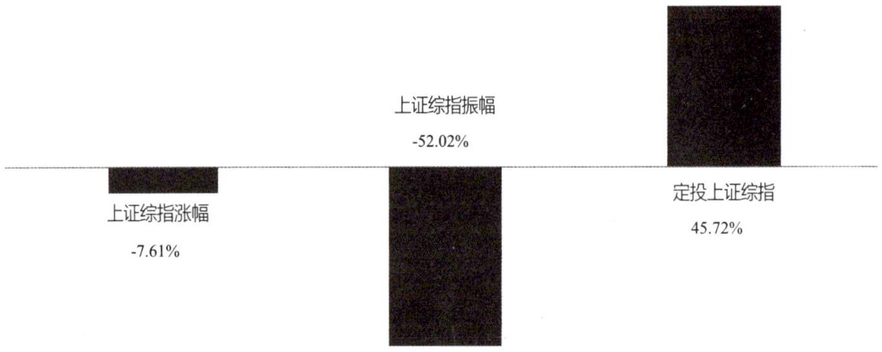

说明：时间区间：2008年5月1日至2009年8月1日。模拟定投不考虑交易费用，期初日期为每月扣款日，逢双休日和节假日往后推。

资料来源：通达信、U8基金网、天相投资。

图8-15 2008年熊市后K线图及上证综指涨幅与定投收益比较

【第 9 章】

爱嘉定投 4 锦囊

随时都可以进场，越早投资越好

定投有着强制“储蓄”的功能，也有摊平成本、平抑风险的功能。对于“储蓄”来说，在同样的投入下，积累越早收获也就越多；同时，对于平抑风险的定投来说，既然不能神准地知道绝对的高点或低点，定投可以不用太“在意”进场时间。

小资金大积累

定投可以用小额资金定期投入的方式来参与基金投资，一般投资者可以用自己固定收入现金流的一部分来定投。这部分资金就可以当作对自己的强制“储蓄”。而在复利的作用下，这些定期投入的资金会产生小资金大积累的神奇魅力。

定投计算公式为 $M=a(1+x)[-1+(1+x)^n]/x$，其中，M 是最终所获得的本金加收益，a 是每期定投的金额，x 是定投收益率，n 是定投期数（a、x 和 n 需要匹配，统一按月定投金额、月收益率、定投月数；或者统一按年定投金额、年收益率、定投年数）。我们看到，按照公式，假如 M 和 a 不变，n 越大，x 就越小；假如 M 和 x 一定，n 越大，a 就越小；假如 a 和 x 一定，n 越大，M 就越大。因此我们在定投时，会有这样的规律：

1. 面对同样金额的理财目标，在我们每期定投资金不变的情况下，越早投资，所需要的收益率就越低。

2. 面对同样金额的理财目标，定投收益率未发生变化，越早投资，每期所需要定投的资金就越少。

3. 如果我们每期定投同样的资金，而且定投收益率未发生变化，越早投资，最终获得的收益就更大。

测试 9-1

1. 目标50万元，定投年化收益率10%。

时间	每月需定投金额
5年	6403.49元
10年	2420.70元
15年	1196.39元
20年	653.00元

2. 目标50万元，每月定投1000元。

时间	所需年收益率
5年	68.50%
10年	24.00%
15年	11.90%
20年	6.60%

3. 每月定投1000元，定投年化收益率10%。

时间	到期后所获金额
5年	78.08万元
10年	20.65万元
15年	41.79万元
20年	113.43万元

定投的微笑曲线

根据统计，起扣后市场一直涨，也就是等于低点再起扣，虽然会让你的投资过程很舒服，但报酬率却不是最好的。反而是起扣后市场先盘整再上涨，过程虽然很闷，但收益率却比市场涨的好。神奇的是，起扣后市场先大跌再上涨，过程让你很痛苦，但报酬率却是最美好的，这就是有名的微笑曲线。

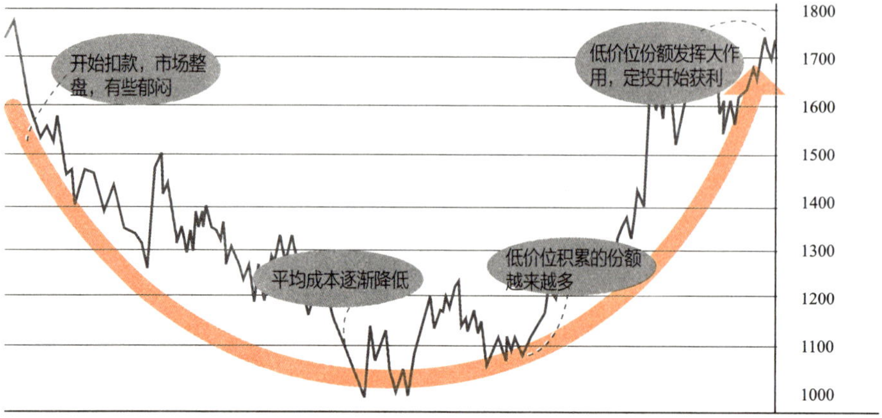

说明：上证综指 2004 年 4 月至 2006 年 11 月走势。

图 9-1 微笑曲线示意图

波动的市场也是由多条微笑曲线组成，对于定投，特别是选择积极型股票基金定投，其实可以随时进场，利用市场的微笑曲线，获取长期收益。

图 9-2 2002 年 3 月至 2012 年 3 月 16 日上证综指走势图

案例 9-1

以定投嘉实优质企业股票基金为例，我们看看不同“场景”下，定投的收益情况。

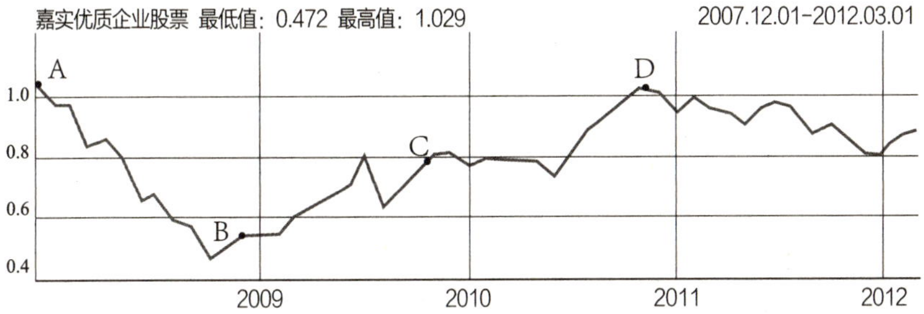

【场景 1】起扣后净值一直涨。时间区间：B 至 D 点（2008 年 10 月 1 日至 2010 年 11 月 1 日）

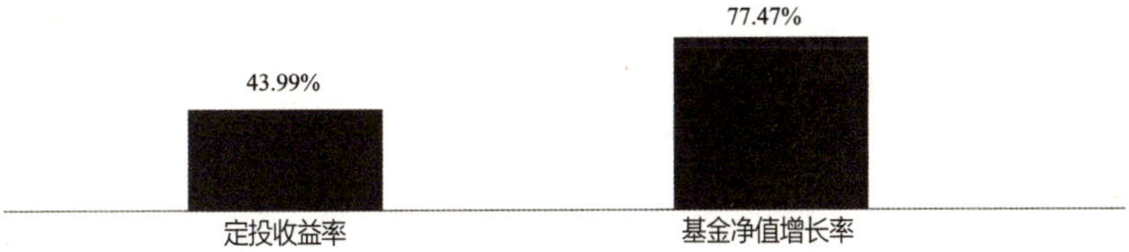

【场景 2】起扣后，先盘整再上涨。时间区间：C 至 D 点（2009 年 7 月 1 日至 2010 年 11 月 1 日）

【场景 3】起扣后，净值先下跌后上涨（微笑曲线）。时间区间：A 至 D 点（2007 年 12 月 1 日至 2010 年 11 月 1 日）

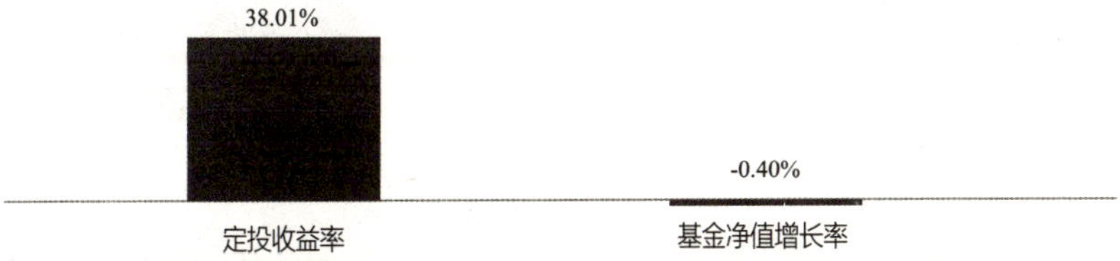

熊市卧薪尝胆，牛市突围发力

牛市挣得欢天喜地，熊市亏得懊悔哀怨，这是大部分投资者的常态。而对于定投投资者来说，这样的熊市和牛市截然不同的情绪分界，不会那么明显。

证券市场以经济的基本面作为基础，而证券价格反映的是投资者对于市场的预期，在更多的时候是人性的博弈，因此没有人能精准地判断市场拐点。悲观情绪会让投资者将大趋势反转看成短期反弹，乐观情绪又会让投资者将短期震荡看作下跌深渊的开端或中端，而被称为“跨越牛熊的投资术”、“被动实现纪律性，克服追涨杀跌人性弱点”的定投，可以在一定程度上“忽略”这些问题。

案例 9-2

2011 年年初，小夏向一位财经圈的朋友询问自己要不要定投基金，朋友简单介绍了定投原理，并表示虽然下跌无法预计但目前估值相对安全。而今，小夏有些后悔了：“不是说市场点位相对安全吗？怎么还是亏了？”朋友反问：“如果你当时没有用定投方式呢？”

说明：时间区间：2011 年 1 月 20 日至 2012 年 1 月 20 日。

图 9-3 小夏定投收益与上证综指比较

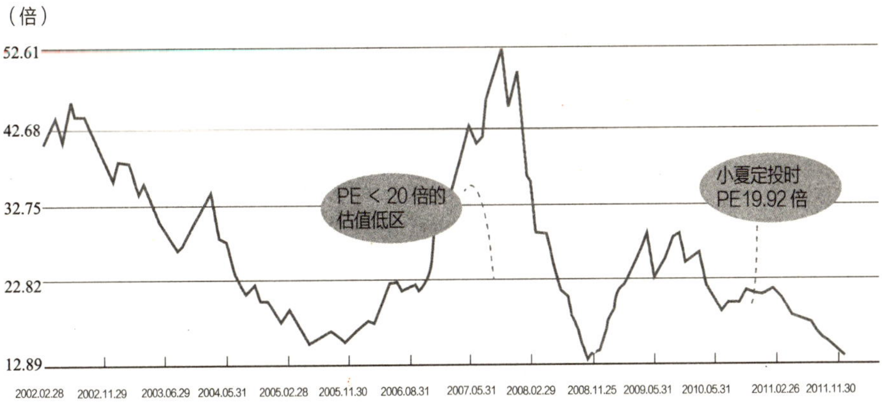

说明：时间区间：2002 年 2 月 28 日至 2012 年 1 月 31 日，周期为月。
数据来源：天相投资。

图 9-4 近 10 年 A 股估值（市盈率 PE）走势图

熊市中的缓兵之计

在估值较低的情况下，市场在这一年的时间里依然没有一个好的表现，而且还在进一步探底。华尔街曾经流传着这样一句话：“要在市场中准确地踩点入市，比在空中接住一把飞刀更难。”小夏入市的时间的确处于历史估值的较低水平，而小夏用定投的方式的结果也比大盘亏损减少了约一半。

市场点位暂时不理想，不代表结果就已经这样。在市场中，如果你的成本价低于净值，而且有够多的筹码（份额），你就是胜利者。我们在“下跌是积累成本的好时机”也看到，定投将成本和筹码这两方面的优势占尽。“留得青山在，不愁没柴烧”，只看你耐不耐得住寂寞。

潜伏后的狙击

熊市定投是为了将来市场上扬的时候能分享市场的收益，在难以判断的市场里，守住寂寞后，定投带给投资者的将是盛情的狂欢。

测试 9-2

那些熬过漫漫熊市的定投：

1. 1993 年 2 月至 1999 年 6 月长达 6 年的熊市；

2. 2001 年 6 月至 2006 年 2 月长达 5 年的熊市。

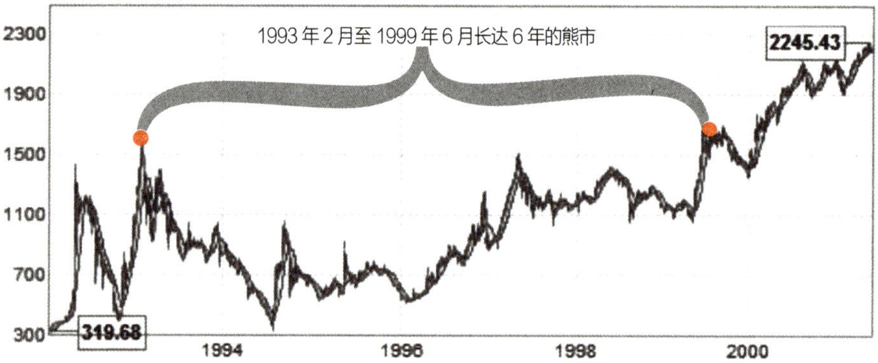

图 9-5 上证综指 1993 年 2 月 16 日至 2001 年 6 月 15 日 K 线图

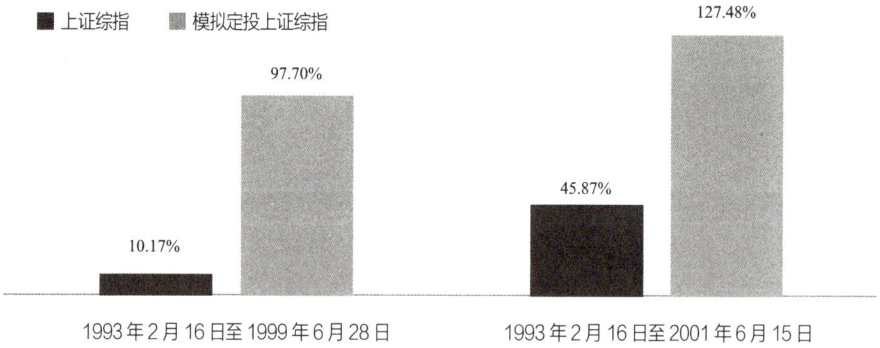

数据来源：天相投资、U8 基金网。

图 9-6 同期上证综指区间涨幅与定投收益对比

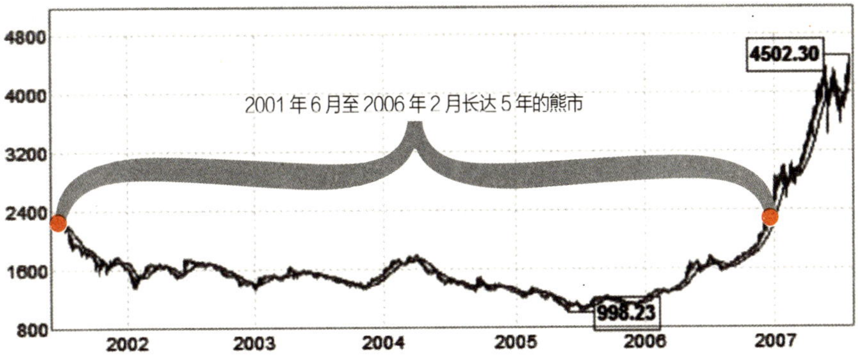

图 9-7 上证综指 2001 年 6 月 14 日至 2007 年 8 月 1 日 K 线图

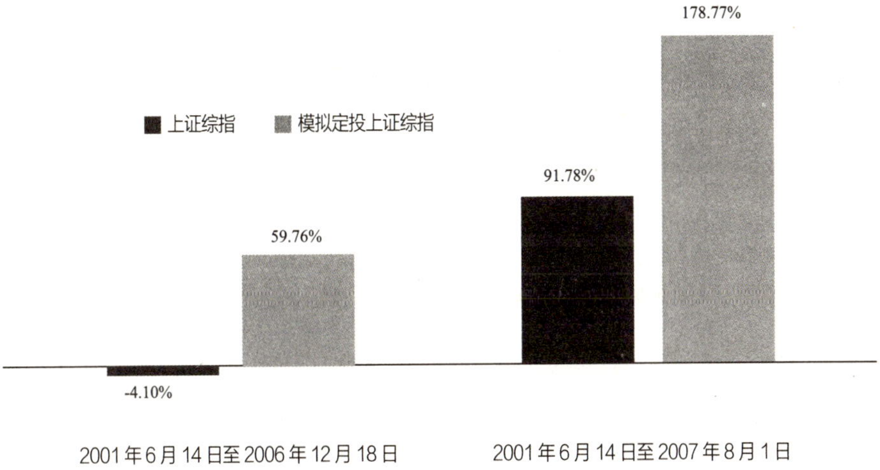

数据来源：天相投资、U8 基金网。

图 9-8 同期上证综指区间涨幅与定投收益对比

如何守住牛市果实

牛市的账面盈利在下跌市场中经常被打得体无完肤，连机构投资者也难逃“劫难”。定投虽然对于申购时点要求较低，但如果想要收益更大化，其赎回时点却有讲究。

我们知道，定投的最佳标的是积极型基金，积极型基金的主要投向是股票市场。作为经济晴雨表的股票市场，虽然从长期来看，波动震荡上行是其行走的规律，而其过程也有着很强的涨跌周期性。同时，在渐渐缩小区间的暴涨暴跌中，我们看到中国的证券市场在日益成熟，但我们也不得不承认，我们离成熟市场还有很长的距离。

在前文中我们看到，“无须择时”的定投在跌幅较大的熊市也有不少亏损。经济循环是周而复始的，中期趋势可能向上，也可能向下，要走完一个经济循环，大约需要 3 至 5 年。如果经济开始由盛转衰，股票市场之前对于经济的高预期（高估值）将被纠正和调整，而之前即便有 50%、60% 的投资收益率，也只是纸上富贵，昙花一现。因此，我们在定投中要遵循一个原则——停利不停损。

反其道而行

“水满则溢，月盈则亏”这句话用在市场一点也不为过，盛极必衰，任何事物超过了它的“度”可能就会往反向发展。那么投资者如何去衡量市场的“度”呢？A 股的市值在变化，上市公司的价格和盈利也在变化，用什么样的“度”去衡量才不会“刻舟求剑”呢？答案就是估值。

估值是对一项资产进行价值评定，股票估值的方法有很多，其中对普通投资者来说最简单也最常用的是市盈率，计算公式是当前股价(Price)除以每股收益(EPS)，缩写为 P/E（市场简称 PE）。

测试 9-3

2007 年 10 月 16 日至 2008 年 10 月 28 日，上证综指下跌 70.62%。在 2007 年 10 月 16 日之前 A 股市盈率低区为 10.82 至 23.56，高区为 49.02 至 61.76（如图 9-9 所示）。参照当时 A 股历史市盈率(1994 年 3 月 1 日至 2007 年 10 月 16 日)，我们在估值高位区，将已有不俗收益的定投"停利"，错过市场的下跌。

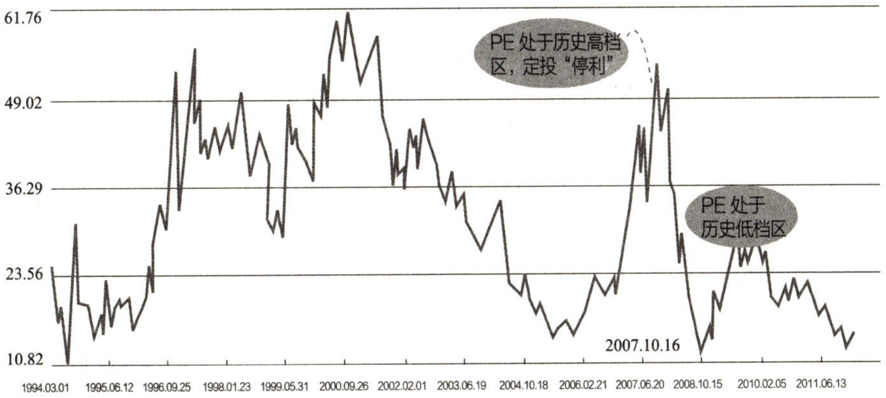

数据来源：天相投资。

图 9-9 A 股 1994 年 3 月 1 日至 2012 年 3 月 1 日市盈率走势图

看多数人在干什么

有什么能够反映大部分投资者当前的意愿，是大部分市场投资者进行选择之后的体现，这就是趋势指标。

趋势指标是市场按照一定方向形成的大致趋势，从时间上来说，相比"别人贪婪我恐惧，别人恐惧我贪婪"的反向操作，它的节奏偏慢，而正因如此，人们常用它来判断市场当前较为明确的走势方向，而这也是市场人士常说的“顺势而为”。

移动平均线（均线）是反映市场价格运行趋势的重要指标，不同时间的均线反映不同周期的趋势，定投所选用的均线指标不宜过短，可选季线（60日均线）。

季线是指季度为单位的均线，也被誉为牛熊分界线。上市公司每个季度公布财报，选择季线来观察大环境的趋势十分有利。季线持续向上，表示中长期持续看好；反之，如果季线持续向下，表明中长期有疑惑。不过，正如前文提到的“节奏更慢”，投资者需要注意的是，当季线往下时，股市通常已经跌了一阵子了。

测试 9-4

我们将测试9-3中2007年10月16日至2008年10月28日的时间拉长至2007年9月到2009年11月（如图9-10所示），并加上均线指标。

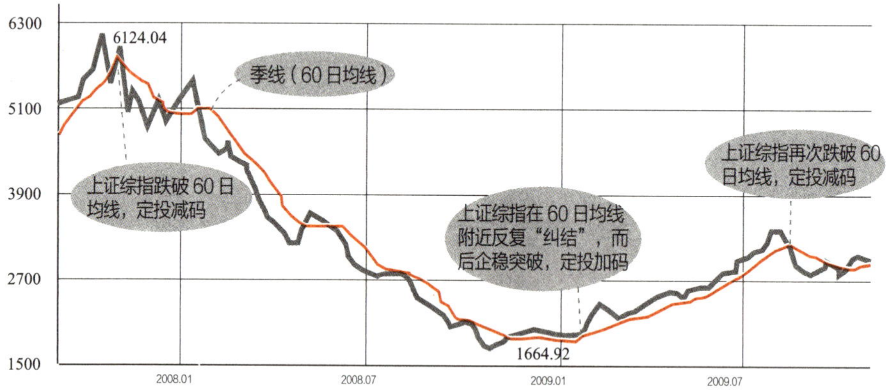

图9-10 上证综指2007年9月至2009年11月走势图

虽然这些指标所指出的时间点有推迟或提前，但是我们可以用A股估值和趋势均线指标来综合考虑和选择相对适合的“停利”时间。

定期检视，适时去芜存菁

不管是选择积极型、长期业绩好的基金，还是挑选公司好的基金公司，评测基金的风险，我们更多的是依赖从前的数据和情况。但是过去的情况并不代表未来的轨迹，因此，投资者还要定期检视基金的表现是否符合预期。

定投后，也要看业绩排名

业绩是挑选基金的第一原则，但基金的业绩毕竟是过去的数据，并不代表未来获利。同时，如果一定周期后，基金净值走势不同了，基金的标准差等风险指标也会有变化。

市场的情况不是一成不变的，首先它会有周期的循环。在经济过热阶段，可能大宗商品的股票会出现大幅的上涨；在经济衰退期，可能医药、消费等防守型的股票具有抗跌性。其次，即便经历了经济的循环，前一市场周期的策略在后一周期中不一定适用，比如这一次的牛市是由 A 行业或经济增长点或市场制度改革带动，那下一次的行情可能又由 B 行业或经济增长点或国际市场变革带动。

因此，在同样的市场下，同类的基金也会表现不一，基金业绩会出现分化。同时，同一只基金也不见得一直都好，比如某只基金的基金经理风格或基金策略战术适应 A 段市场，或者抓住了 A 段市场中某些市场机会，因此回报很好，但由于不适应 B 段市场，造成收益平平或者亏损较大。

这种现象比较直观的表现，是前一阶段在同类基金中业绩排名靠前的基金，可能业绩排名下降程度较大。

如果我们在 2009 年开始定投，我们参照的可能是前 3 年的数据，而实际上，

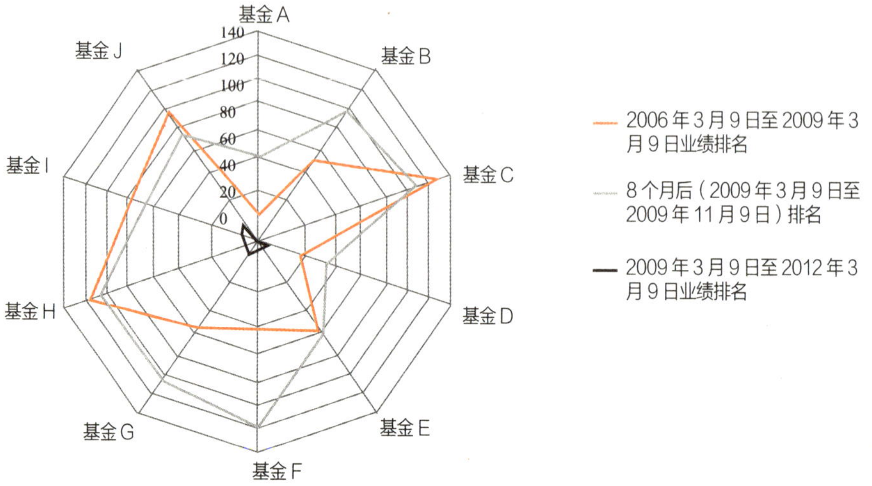

说明：纳入统计的基金为股票型基金，剔除指数基金和期内成立的基金。
数据来源：好买基金网。

图 9-11 2006 年至 2012 年业绩排名前 10 的股票型基金期后排名情况

在之后的时间里，这些基金业绩不一定继续表现得好。一只好的基金，需要适应不同市场，我们需要选择这样的基金。

此外，从 2003 年年底国内第一只基金成立至今（2012 年 3 月），虽然经历了 8 年多的时间，但从这段时期的市场来看，也只经历了一次大熊市一次大牛市和一次小牛市以及延续至今的震荡市，实战经验的周期并不太长。之后的市场会怎样（想要获得超越大盘的收益，基金管理者并不仅需要判断简单的市场涨或市场跌），我们不知道，我们手中的基金能否适应市场的新变化，我们也不知道。因此，我们只能将从前的数据当作参考，而更多的是要去定期检视扣款基金的业绩情况。

定期给基金做考量

我们知道，在学校期间会有期中和期末考试，目的是检验学生这半学期或一学期的学习成果。如果孩子某一学期成绩从本来的第 15 名下落到第 30 名，父母会有些担心，而如果下一学期的排名还没回到原来的水平，父母可能会考虑采取措施，比如帮孩子报班补课。

那么，对于基金检视来说，投资者根据一段时期（比如 3 年）基金的业绩、稳定性、公司情况，选出较好且比较适合自己的基金去定投后，可以按照一年一检视的周期，去看看这只 / 几只基金的业绩排名，在同类基金中有没有跌出前 1/2 的排名。如果连续 6 至 8 个月的时间里，它 / 它们的排名依然在 1/2 之后，那么投资者需要考虑改扣其他基金。而当基金的净值开始走下坡路，连续几个月基金业绩在同类基金的排名里，都处在尾端时，不要犹豫，大胆转换或赎回这只基金。

测试 9-5

我们用前文提到的“2006 年至 2009 年业绩排名前 10 的股票型基金”来测试。

	定投前	定投后 1 年	检视后再看 8 个月	
基金	2006 年 3 月 9 日至 2009 年 3 月 9 日业绩排名	2009 年 3 月 9 日至 2010 年 3 月 9 日业绩排名	2010 年 3 月 9 日至 2010 年 11 月 9 日业绩排名	保留
基金 A	1	36	73	√
基金 B	2	**109**	69	√
基金 C	3	**111**	**161**	×
基金 D	4	**93**	22	√
基金 E	5	**78**	84	√
基金 F	6	**86**	66	√
基金 G	7	**91**	86	√
基金 H	8	**114**	**165**	×
基金 I	9	65	**149**	√
基金 J	10	**95**	**129**	×

说明：加粗为跌出前 1/2 排名，2009 年 3 月 9 日至 2010 年 3 月 9 日纳入统计的基金共有 139 只，跌出 70 名，加粗；2010 年 3 月 9 日至 2010 年 11 月 9 日纳入统计的基金共有 188 只，跌出 94 名，加粗。所选基金均为股票型基金，并剔除指数基金和期内成立的基金。
数据来源：好买基金网、U8 基金网。

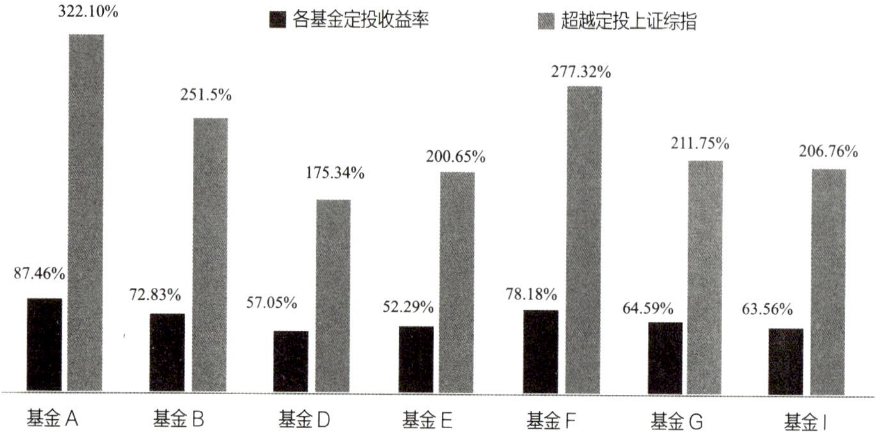

说明：时间区间：2006 年 3 月 9 日至 2010 年 11 月 9 日。同期定投于上证综指收益率为 20.72%。
数据来源：好买基金网、U8 基金网。

图 9-12 所选基金定投与同期定投上证综指比较

在定投中，除了耐心等待，另一项基本工作就是定期检视基金。很多人认为基金是长期投资，所以买好了就摆着不去看它，但需要强调的是，即使是长期投资，还是要定期检视，及时去芜存菁。

【第 10 章】

逢低加码 3 妙招

分析估值，寻找低价筹码

逢低入市，这是投资常理。那么究竟什么时候才是低？低价的背后到底有没有投资价值？机构投资者拥有的财力和人力，足够支撑他们在市场中研究、寻找有价值且低价的投资物。那么缺乏时间和专业能力的个人投资者呢，最适合的办法就是了解和掌握反映市场价格和价值的各项指标。

低价有真有假

买东西就得讲究个物美价廉，同样的商品，价格低自然更吸引人。投资亦是如此，越低的交易价格，意味着越低的风险，投资得越安全。

价值投资学说的奠基人、股神巴菲特的老师、华尔街的投资教父本杰明·格雷厄姆把这种认识归纳为“安全边际”（margin of safety），他认为：“基于分析的购买证券行为，不应在价格不太高的时候购买，而应该在价格非常低的时候购买。价格越低，自身就越安全，投资就越有利。”

那么，什么样的价格才算是低呢？相对 50 元来讲，30 元是低的，那么究竟这 30 元是否就是投资的低点呢？这就很难说了，因为每个人在主观上对于价格低点都有不同的认知。再者，是不是以后投资时就只找价格最便宜的股票呢？这显然是不对的。

经济学原理告诉我们，股票价格是股票内在价值的外在表现形式，股票的价格总是围绕着股票的内在价值上下波动。当价格高于股票的内在价值，这说明该股票有较大的泡沫，这时候进行投资就会有较大的风险；当价格低于股票的内在价值，这说明该股票的价格被低估，价格终将在一定时间内回归价值，那么这时候购入股票，当股票价格回归到内在价值甚至高于内在价值的时候卖出便可获利。

也就是说，真正的低价是股票的价格被低估，低于其内在价值，而不是简单的数字增减。价格越低于内在价值，投资就越有利，也越安全。

行内人都在看估值

所以，在观察股票价格的同时，我们还得研究、评估这支低价格的股票有没有投资价值，其背后的上市公司是否拥有让人信服、值得投资的内在价值，也就是常说的对股票进行估值。

美国麦哲伦基金基金经理彼得·林奇有一套自己的估值方法："一只有价值的股票，一定具备了良好的财务状况，稳定长期的盈利，持续可靠的股东回报，良好的行业经营前景。"成长股价值投资策略之父菲利普·费雪则认为："有投资价值的上市公司，必然有卓越的管理层，员工的高忠诚度，良好的劳资关系和人际关系，强大的竞争能力和营销能力。"

虽然两者侧重点各有不同，但都是对上市公司进行多方面的调查研究，得出其是不是具备了真正的投资价值。如果有，那么在合适的低价格点买入，投资就越有利。这也是为什么众多机构都热衷于对上市公司的实地调研，确实有利于发掘有投资价值的好股票。

然而，对于上市公司的调研是非常辛苦的。比如彼得·林奇，他每天要阅读几英尺厚的文件，每年要旅行 16 万公里去各地进行实地考察，此外，他还要经常与 500 多家公司的经理进行面对面交谈。在不进行阅读和访问时，他则会频繁地给上市公司打电话，从各个方面来了解公司的状况、投资领域的最新进展。他的成功着实不易。

研究机构的投资者因为拥有专业的团队和人员、足够的精力和时间，所以能覆盖大部分的上市公司，得出对投资有利的数据和结论。

而对于个人投资者来讲，无论是专业、时间和精力都显然不足以支撑调研上市公司，只能仅凭市场上流传的各种消息来进行主观判断。这就是著名的“信息不对称”理论——在市场中，每个投资者对有关信息的了解是有差异的。掌握信息比较充分的投资者，往往处于比较有利的地位；而信息匮乏的投资者，则处于比较不利的地位。这就是为什么在与机构投资者的博弈中，个人投资者常处于劣势的原因。

无法判断上市公司的投资价值，无法确定低价的真实性，个人投资者又该如何进行投资行为？投资似乎走到了十字路口，迷失了方向。

相对估值行得通

其实，股票估值有三种方法。第一种为绝对估值，也就是上述对上市公司的实地调研及分析。第二种为相对估值，即通过使用市盈率、市净率等股票价格指标来进行分析对比。第三种为联合估值，是绝对估值和相对估值两种方式的综合使用。

对于个人投资者来讲，进行绝对估值显然行不通，那么相对估值成为最为适用的手段和方法。下面将为大家介绍如何运用两种最常见的股票价格指标（市盈率、市净率）来进行相对估值。

名词解释

1. 绝对估值：通过对上市公司历史及当前的基本面的分析和对未来反映公司经营状况的财务数据的预测，获得上市公司股票的内在价值。

2. 相对估值：使用市盈率、市净率、市售率、市现率等价格指标与其他多只股票（对比系）进行对比，如果低于对比系相应的指标值的平均值，股票价格被低估，股价将很有希望上涨，使得指标回归对比系的平均值。

3. 联合估值：绝对估值和相对估值的综合分析。

说起市盈率，先得了解什么是“每股盈利”指标。从字面意思可以得知，每股盈利指的是每股税后的利润或盈余。每股盈利通常被用来反映企业的经营成果，衡量普通股的获利水平及投资风险，是投资者等信息使用者据以评价企业盈利能力、预测企业成长潜力，进而做出相关经济决策的重要的财务指标之一。

换句话说，“每股盈利”指标可以看作反映股票内在价值的相对指标。“每股盈利”指标越高，说明该股票创造的利润越多，进而得出该股票的内在价值越高。

而市盈率，就是每股价格与每股盈利之比。用数学公式呈现就是：

$$\text{市盈率} = \frac{\text{每股市场价格}}{\text{每股盈利}}$$

一般市场价格为当前每股市价，分母每股盈利用最近一年盈利，也可用未来一年或几年的预测盈利。

从公式上可以看出，市盈率与每股价格成正比，每股价格越高，市盈率越高；市盈率与每股盈利成反比，每股盈利越高，市盈率越低。

那么，可以简单地认为，市盈率越高，说明价格越高或内在价值越低，存在泡沫的可能性就越高，内在价值可能被高估，未来投资的风险就越高；市盈率越低，说明价格越低或内在价值越高，存在泡沫的可能性就越低，内在价值可能被低估，未来投资的风险就越低。即市盈率越低的股票，就越有投资价值。

同样，掌握市净率，先得知道什么是每股净资产。每股净资产是股东在每股上拥有的净资产或权益。每股净资产越高，股东拥有的资产现值就越多，反之亦然。净资产的多少是由上市公司经营状况决定，上市公司的经营业绩越好，其资产增值越快，股票净值就越高，因此股东拥有的权益也越多。从这个层面，每股净资产也可看作反映股票内在价值的相对指标。

与市盈率相似，市净率为每股价格与每股净资产之比。用数学公式呈现就是：

$$市净率=\frac{每股市场价格}{每股净资产}$$

市净率越高，说明价格越高或内在价值越低，存在泡沫的可能性就越高，内在价值可能被高估，未来投资的风险就越高；市净率越低，说明价格越低或内在价值越高，存在泡沫的可能性就越低，内在价值可能被低估，未来投资的风险就越低。即市净率越低的股票，投资价值越高。

名词解释

1. 每股盈利（EPS）：股票税后利润与股本总数的比率，是普通股股东每持有一股所能享有的企业净利润或需承担的企业净亏损。每股盈利是衡量上市公司盈利能力最重要的财务指标，它反映普通股的获利水平。

2. 市盈率（P/E）：股票每股市价与每股盈利的比率，通常用来作为比较不同价格的股票是否被高估或者低估的指标。市场广泛谈及的市盈率通常指的是静态市盈率。

3. 每股净资产（book value）：股东权益与总股数的比率，通常反映每股股票所拥有的资产现值。净资产包括上市公司的资本金、资本公积金、资本公益金、法定公积金、任意公积金、未分配盈余等，它代表全体股东共同享有的权益。

合适的低位在哪里

那么，低到什么程度的市盈率才是合适的投资机会呢？

第一步，你要知道如何快速、准确地找到涵盖市场、行业、个股等全面、即时或长期的市盈率数据。

一直以来，普通投资者获取市盈率的途径，要么是询问身边也从事炒股的朋友或证券公司的客户经理，或者从理财类报纸杂志等媒体、股票交易平台上搜寻，或者付费给 wind、天相投顾等专业的股票估值分析系统。这样采集的市盈率数据一般零散且滞后，而且不同机构给出的市盈率是有差别的，很难形成对市盈率的全面参考。

怎么办呢？时下有个好消息是，上交所与深交所共同出资成立的中证指数有限公司从 2012 年 2 月 21 日起，每天对外发布按照证监会《上市公司行业分类指引》划分标准计算的 86 个行业市盈率的最新数据，同时还将发布各行业最近一个月、三个月、半年、一年的历史平均市盈率数据，以及所有 A 股股票的市盈率明细数据。

这样不仅可以为投资者提供更为全面的信息参考，也有助于提高投资者的辨别能力。需要查询市盈率的投资者不妨访问中证指数有限公司官方网站 www.csindex.com.cn。

第二步，明确市盈率的低点位置。中国股市没有明确的市盈率标准，机构或个人投资者都是依据经验或者估算来确定低点。一般有两种方法，一种是看绝对数值，一种是比较法。

所谓看绝对数值，简单说就是把市盈率分切成不同区间，市盈率在 0 ~ 40 的区间内被认为是合适的投资选择时点。具体区间市盈率分析见表 10-1。

值得注意的是，如果大部分股票的市盈率在 20 以下，市场往往是最差的时候，很多投资者对市场感到悲观和失望，缺乏投资的勇气和行为。但这个时候，往往是入市的最佳时机。

本杰明·格雷厄姆依据自己的投资经验认为，一只具有投资价值的股票，其市盈率近 12 个月应小于 20，近 3 年平均值应小于 15，近 7 年平均值应小于 25。

表 10-1 不同区间市盈率投资建议

市盈率区间	投资建议
0 ~ 20	极佳的投资点位
20 ~ 40	合适的投资点位
40 ~ 60	存在一定获利机会或盈利空间不大
60 ~ 80	可能投资风险较高或已经出现一定泡沫
80 以上	建议赎回或转向安全性投资

数据来源：依据金融从业者判断经验得出。

比较法，即与市场、与行业进行对比。如表 10-2 所示，2012 年 2 月 20 日，全体 A 股市场一年滚动市盈率为 14.6，银行行业为 7.3，而光大银行、交通银行的一年滚动市盈率均低于市场或行业平均值，即说明这两只股票有相对的投资价值。

至于市盈率低的程度是多少，仁者见仁，智者见智，美国温莎基金管理人约翰·奈夫有个小秘诀，他通常会购买市盈率低于市场或行业平均值 40%～60% 的股票。打个比方，市场平均市盈率为 50，某股票市盈率为 30，约翰·奈夫就会选择购入。

需要注意的是，利用市盈率比较不同股票的投资价值时，这些股票必须属于同一个行业，因为此时公司的每股收益比较接近，相互比较才有效。比如钢铁股与金融股盈利空间完全不一样，比较市盈率是不可靠的，钢铁板块的股票只能和板块内其他股票进行比较。

表 10-2 股票间市盈率对比

股票名称	一年期滚动市盈率
全体 A 股市场	14.6
沪市 A 股	12.5
深市 A 股	23.5
银行行业	7.3
光大银行	7.2
南京银行	10.1
招商银行	8.2
华夏银行	9.8
交通银行	6.4

说明：截至时间是 2012 年 2 月 20 日。
数据来源：天相投顾。

投资者在具体实践中，可同时参考市盈率和市净率两种价格指标，对市场和个股进行估值，寻找合适的低价投资空间。

但需要提醒的是，市盈率和市净率毕竟是相对的指标，只能在一定程度上反映股票的内在价值，因为投资股票是对上市公司未来发展的一种期望，已有的市盈率和市净率只能说明上市公司过去的业绩，并不能代表公司未来的发展。

所以，单纯用市盈率和市净率来衡量市场或个股具有一定片面性。投资者在参考股票价格指标时，一定要考虑当时的市场环境、宏观经济政策以及公司经营情况、盈利能力、行业前景等相关因素。

均线择时，顺应市场走势

信奉技术分析的股票投资者群体中流行这样一句话：“如果您相信技术分析中‘趋势是您的朋友’的信条，那么移动平均线将使您获益匪浅。”这话虽然有些夸大其词，但的确反映了均线在投资择时中的重要价值。

“价值流”与“技术流”

前文介绍的“价值流”只关心股票本身的内在价值和价格，至于说当前市场是涨是跌、是牛是熊丝毫不会考虑，这就是“价值投资之父”本杰明·格雷厄姆和他的学生沃伦·巴菲特在市场萧条的时候仍然会寻找投资机会的原因。仔细琢磨，是有点“逆势而为”的意思。

有“逆势而为”，就有“顺势而为”。在股票市场中，还有相当一批投资者认同“技术流”，通过各种技术指标来分析、判断未来的市场或个股走势。简单说，如果“技术流”判断市场或个股未来会上涨，即便是股票价格很高，照投不误，“价值流”在这时就会退避三舍；如果“技术流”判断市场或个股未来会下跌，即便股票价格低得离谱，也会赎回退出，丝毫不会考虑“美味”的低廉价格。

显然“技术流”更青睐“顺势而为”。“技术分析之父”理查德·沙贝克曾如此评价“技术流”：“市场永远是对的。对于个人而言，唯有顺势而为这一条正确的道路可行，只有这样亦唯有这样，才会减少损失乃至于获利。”

更为有趣的是，“价值流”注重对过去历史的统计评估，因为“猜不透未来”，反不如研究过去更牢靠；“技术流”则认为市场行为能够包容一切信息，价格变化一定有趋势或规律，历史终将会重演，于是深信可以用历史交易数据来判断未来的趋势，那么对于基本面、宏观面、政策面等因素都可以忽略。

一句话，“技术流”认为能够判断未来市场走势。

“技术分析”要素面面观

那么，如何通过技术分析掌握市场走向呢？首先得了解技术分析中需要用到的相关指标。

第一，要学会看 K 线图（蜡烛图）。如图 10-1 所示，就是那一根根大大小小、红红绿绿、形似蜡烛的柱子。每一根柱子代表一个交易时间段，如果投资者选中 60 分钟，则表明这根柱子代表 60 分钟的交易；如果选中 1 天，表明为一天的交易。

红色的柱子表明上涨，即收市价高于开市价，被称为“阳柱”。绿色的柱子代表下跌，即收市价低于开市价，被称为“阴柱”。图中柱子有长有短，越长的柱子表明上涨或者下跌的幅度越大，沪深股市最高值为 10%，即涨停或跌停。

柱子上下部的两条边为该交易时段的开盘价和收盘价。不同的是，阳柱的上边为收盘价，下边为开盘价；阴柱的上边为开盘价，下边为收盘价。

从 K 线图中可以简单地得出，红色蜡烛出现的频率越高、越密集，说明市场趋

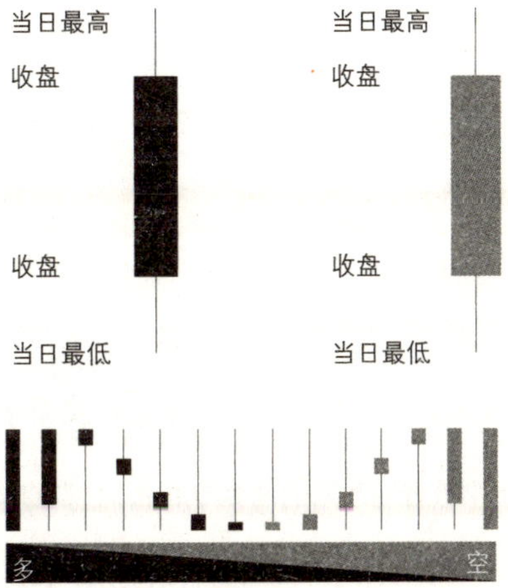

说明：图中以黑色代表红色，以灰色代表绿色。

图 10-1 K 线图示意

势为上涨状态，市场普遍看多；绿色蜡烛越密集，说明市场趋势为下跌状态，市场普遍看空。

第二，了解均线。均线的全称叫移动平均线，就是将每天的收盘价算术平均或加权平均，从而得到一条带有趋势性的轨迹。比如将大盘过去 30 个交易日的收盘价相加再除以 30，就得出 30 日的均点，再向前倒推 30 个交易日，同样的办法计算出另外一个均点，以此类推将这些均点连接起来，就成为一个普通均线。

通常，以 30 个时间单位计算的均线称为 30 均线，以 60 个时间单位计算的均线称为 60 均线。如图 10-2 所示，在 K 线图中，30 均线被标以 MA30，60 均线被标以 MA60。

图 10-2 均线指标示意

均线是反映股票价格运行趋势的重要指标，技术分析者一般会以 MA5、MA10 分析短期走势，以 MA30、MA60 分析中期走势，以 MA120 和 MA250 分析中长期走势。

第三，了解技术分析中被普遍运用的两个专有名词“支撑”与“阻力”。所谓“支撑”，是指在股票的某一价格区间内有大量的市场需求，使原本下跌的趋势受到阻挠或者完全改变，从而形成上升趋势；同理，“阻力”是指在股票的某一价格区间内有大量的市场供给，使原本上升的趋势受到阻碍或是完全改变，从而形成下跌趋势。

“支撑”代表着一定时间内市场需求的集中，“阻力”则代表着一定时间内市场供给的集中。简单说，当市场上扬时，随即回落，回落之前达到的最高点就是阻力点，也就是最好的卖出点；随后当市场再次继续上扬，此前达到的最低点就是支撑点，也就是最好的买入点。

判断“支撑”与“阻力”的强度一般有3个要素：成交量、涨跌幅度及所经历的时间。“支撑”区间和“阻力”区间的成交量越大、所经历的时间越长及涨跌幅度越大，则其对日后的“支撑”和“阻力”强度就越高。

用“均线”来择时

一般地，均线指标所在的点位往往是十分重要的支撑或阻力位，这就为投资者提供了买进或卖出的有利时机，均线指标的价值正在于此。如果当均线 MA5、MA10、MA20、MA30、MA60 都在 K 线下支撑排列向上，这说明当前为强势上升趋势，投资者可以在均线的支撑点为买入点，这种现象被称为多头排列；当 5 个中短期均线都在 K 线上压制（阻力点）向下排列，说明当前为下跌趋势，投资者在阻

图 10-3 多头排列与空头排列示意

力点为卖出点，这种现象被称为空头排列。

将运用均线来择时的方法运用到极致的即是美国投资人葛南维，他创造了“葛南维均线八大法则”，在这里与大家分享一下。

1. 均线从下降逐渐走平且略向上方抬头，而股价从均线下方向上方突破，为买进时机。

2. 股价位于均线之上运行，回档时未跌破均线后又再度上升时，为买进时机。

3. 股价位于均线之上运行，回档时跌破均线，但短期均线继续呈上升趋势，为买进时机。

4. 股价位于均线以下运行，突然暴跌，距离均线太远，极有可能向移动平均线靠近（物极必反，下跌反弹），为买进时机。

5. 股价均线之上运行，连续数日大涨，离均线愈来愈远，说明近期内购买股票者获利丰厚，随时都会产生获利回吐的卖压，为卖出时机。

6. 均线从上升逐渐走平，而股价从均线上方向下跌破均线时，说明卖压渐重，为卖出时机。

7. 股价位于均线下方运行，反弹时未突破均线，且均线跌势减缓，趋于水平后又出现下跌趋势时，为卖出时机。

8. 股价反弹后在均线上方徘徊，而均线却继续下跌时，为卖出时机。

总体说来，均线在价格之下，而且又呈上升趋势时是买进时机，反之，均线在价格之上，又呈下降趋势时是卖出时机。

逢低加码，坚守投资纪律

面对低价的股票或市场的低点，你需要做的就是“逢低加码”，增加资金的投入量，同时坚守投资的纪律，持之以恒。

“价值流”与“技术流”的熟练运用，可以帮助你较为准确地找到股票的低价格位置或者是市场的低位，那么在这个时候，你会这么做?

很多投资者陷入“贪婪与恐惧”的投资情绪中无法自拔。低点往往身处在悲观的熊市，恐惧就像瘟疫一样蔓延、传染，能够选择的只能是远离。一些怀有侥幸心理的投资者觉得“要不试下，说不定涨呢”，如果此后迅速反弹还好说，如果这仅仅是个次低点，未来还可能继续下跌，这些投资者肯定会怀疑自己的决定，马上割肉赎回。

只有少数具备投资智慧的人才会把这样的低点当作最好的机会，不仅进入市场，还不断增加资金的投入量。在 2008 年的金融海啸中，大多数投资者因为恐惧而远离市场，但股神巴菲特却开始频频出手。2008 年 9 月 29 日，巴菲特以 18 亿港元购入比亚迪，此后短短 3 个交易日，比亚迪股价飙升 89%。以购入价 8 元计，巴菲特的投资升值近一倍，创造了熊市中的奇迹。同期，他对全美第五大银行富国银行的投资也带来了 18.5 亿美元的账面营收。

所以，面对低位时，一定牢记“加码”，切不可错失良机。那么，最为精准的加码点在何处？该如何加，到底加多少，这些成为加码成败的关键。

低位总是前景不明的，投资者很容易患得患失。那么在这里要告诉投资者，逢低加码一定要坚守严格的纪律，不要被外界的噪音所干扰。

加码纪律第一步：设定跌幅，确定加码时点

首先要设立一个加码的时点，决定当市场跌幅到达多少的时候，要开始加码。

至于跌幅要多少才能加码，这就仁者见仁，智者见智了。如果你的资金量比较大，风险承受能力比较高，那么加码点可以设低一些，比如原本加码点设在 -30%，那么可考虑在 -20% 就开始加码；如果你可投资的资金较少，且投资风格偏保守，很难承担较高风险，那就建议你把加码点设高一点，比如 -35% 才开始加码。

加码纪律第二步：依据投资规模，设置固定的加码比例

至于说每次加码要加多少钱，建议不要用“固定金额”来加码，应该选择以“固定比例”来加码。

如果用“固定金额”来加码，比如 5000 元或者 1 万元，随着加码次数的增加，摊平成本的效果会变差，所以，应该选用“固定比例”的方式，比如原投资金额的 1/3 或者 1/4，如此一来，随着原投资金额的变大，加码的金额也会变大，摊平成本的效果才会好。

而单笔加码的金额比例怎么设？可依据每个人手上有多少投资资金来做调整，无论是 1/3 还是 1/5，都可以。资金量大的投资者不妨设高到 1/3，资金量少的投资者设成 1/6。

加码纪律第三步：每到设定的点位时，严格按照纪律加码

设定了加码点，决定了加码的资金比例，那么遇到合适的低点时就一定要确保实施。投资讲究纪律，一旦确认就一定要严格执行。

如果你设定了 -20% 的加码点，每次加码原投资成本的 1/3，那么当市场跌幅为 -20% 的时候，就应该进行单笔加码；之后如果市场持续下跌，市场跌幅又跌了原先时点的 20%，那么就再继续进行加码。

如果只加码了两三次后市场就出现反弹，而且多头趋势非常强势，这个时候摊低成本的效果已经达到，建议停止加码的行为，恢复到原先的买入计划，比如定期定额投资等。当市场再下跌时，再来执行“逢低加码”计划。

如果你坚持做完了一个完整的涨跌周期循环的买入投资，相信你一定会得出适合自己的“加码经验”。

【第 11 章】

爱嘉定投 3 部曲

进场时：定时定额先买，再单笔加码

面对低价的股票或市场的低点，你需要做的就是“逢低加码”，增加资金的投入量，同时坚守投资的纪律，持之以恒。

既然能够对市场进行相对客观的估值，能够结合均线指标分析市场近期的走向，最终寻找到适宜的、符合大概率预期的“投资洼地”，同时又掌握了逢底加码的技术要领，那么，这时候你就应该进场了。

然而在进场的那一时刻，一些投资者总会犯嘀咕：既然这已经是比较合适的点位，为何不一次性投入大额资金，这样不是可以充分获取随后上涨的超额收益吗？分阶段定投的小额资金是不是就失去了意义？还有投资者认为：既然确定时点，为何不直接跳过定期投资，选择马上实施“逢低加码”的技术呢？

定时定额是进场“铁律”

嘀咕的背后，其实是贪婪在作怪。在理想的状况下，低点位置的一次性投入获得的收益肯定是大于定投的。然而这里需要声明的是，之前所说的估值和均线分析手段，都是为定投基金行为而选择的合适进入时机。

这个时机，购买价格与股票价值相比是合适的，未来的增长性仅分析是概率较大的，意味着未来一段期间内定投行为的风险相对较低，投资收益相对利好，但绝对不是说这就是市场的最低点，投资的最佳时点。也许分析的结果确实是最低点，从这点投入，明天就有 10% 的回报；也许这点虽然是低点，但一直维持且震荡不止，投资 1 个月回报为 0%；也许这并不是真正的低点，未来还会继续降低。那么一次性投资在这里就得不偿失了。

合适的低点进入，有效的平摊成本，定投纪律的严格遵守，长期、坚定不移的定投行为，着眼于长远稳健的收益，这是基金定投的初衷，所以此时的进入点仅适用定投，而不是简单的一次性“押宝”。

再者，一些投资者还没实施定投行为，就开始着手是不是该在此处放置更多筹码，这就太着急了，“心急吃不得热豆腐”就是此理。

基金定投发展至今，演化出各种各样的智能定投策略或技术，如左侧智能定投、“顺势而为”定投、定期不定额、定额不定期等，然而万变不离其宗的是，定时、定额依然是基金定投行为的核心。

所以，在合适的时点面前，你只需要按最基本的定时定额投资即可，即与银行或者基金公司约定每月扣款的时间、金额，开始定投。不用考虑太多复杂因素，仅需要考虑每次的扣款一定是中短期时间内用不着的闲钱，保证每次时点扣款金额的稳定性。

单笔加码的观察指标

通过定时定额行为买入基金，基金定投就这样简单地完成了吗？

当然不是，合适时点上的定时定额，有利于在较低的成本下累积份额，获取长期的复利增长。同时，定时定额投资的收益率，其实是一个非常好的进出场指标，通过观察、分析，我们可以确认单笔加码的时机。

将资金、筹码更多地聚集到低点领域内，累积到更多的力量，自然长期内能够获得更高的收益。如何聚集呢？在合适的位置进行单笔加码，自然能够实现。直白讲就是“逢高少买，逢低多买”，不仅仅是每次定投行为随市场涨跌而得到的份额多少，更是在真正的低点就多投入资金，多买一些份额。

如何判断单笔加码的时机？需要观察定时定额投资的收益率。如果期间内定时定额投资的收益率缩减或者下跌，这就是单笔加码的好时机。

举例来说，当定时定额的账面收益率一直稳步增长，比如 2%、2%、1%、5%……你就会知道，这时候的股票市场增长走势非常明显，但未来到底能增长到何时还不能确定，那么继续保持定时定额投资即可，不必思量单笔加码。

相反地，如果查询月对账单，发现定时定额的基金收益率忽然跌到 10% 或者 20%，同时股市也呈现量缩价跌，这时候就是单笔进场的绝佳时点。因为当基金收益率狂跌，市场又呈现量缩价跌的状况时，届时市场很可能已经跌到谷底，这时候就适合以单笔投资方式进场，获取更多的份额，承接之后的上涨行情。

至于说单笔加码的行为，在前面“逢低加码”的章节中已经详细说明，在这里做简单强调。

首先是确定跌幅：风险承受能力较高的投资者，可在 20% 的跌幅时进行单笔加码；风险承受能力较低的投资者，可在 35% 的跌幅时单笔加码。

其次，确定单笔加码的金额。资金量较大的投资者，单笔加码的资金可设为原有定额投资金额的 1/3；资金量较小的投资者，单笔加码的资金可设为原有定额投资金额的 1/6。

最后，一旦确立单笔加码策略，就一定遵守、执行。如果你设定了 -20% 的加码点，每次加码原投资成本的 1/3，那么当市场跌幅为 -20% 的时候，就应该进行单笔加码。

市场下跌，再让投资者继续投入金额，一些投资者心理上会有些无法忍受，不愿意看到更多的账面亏损。可能不会选择单笔加码。这个时候，我们的建议是：既然你认同这种单笔加码策略，也拥有与之匹配的风险承受能力，那么就应该坚决执行，经得住市场下跌对心理的考验。

定时定额为主，单笔加码为辅

单笔加码是一次性的辅助投资行为，不是持续性的投资行为。

举例来说，在 -20% 的时点，你单笔加码 5000 元，单笔加码行为完成。直到未来某个时点又一次出现 -20%，你才能继续进行单笔加码行为。

所以，永远要记住，单笔加码不能成为基金定投的“主业”，定时定额投资才是核心、骨干。每次的单笔加码行为，一定要观察定时定额投资的收益率。

获利时：先卖单笔，再赎定时定额

如果投资达到了理想的目标收益，需要退场，那么可以先分批赎回单笔投资的基金，接着再一次性赎回定时定额投资的基金。

我们讲定投基金一定要有目标，这个目标可以是具体的，比如一套房子的首付 50 万元，孩子的大学费用 20 万元，未来养老、看病的钱 80 万元；也可以是比较空泛的，如获取 80% 的收益率等。

总之，定投基金不是一味地无限期持有下去，当投资的收益金额或者收益率达到理想的目标收益，或者已经让你感到满意的时候，你就应该考虑赎回基金，获利了结。

为什么不一次性赎回

一些投资者不由会问道：很简单，既然已经达到理想目标收益，那么一次性赎回不就行了？

一般地，让你发现投资收益达到目标或者让你很满意的时候，通常股票市场处在一路向上的利好状态。如果一次性赎回，就错过了后面的获利机会，的确非常可惜。

那就暂停赎回？面对牛市的增长，比如从 4000 点攀升至 5000 点之后继续攀升，很少有人能够拒绝这种诱惑，于是不考虑赎回，继续投入，持有。

然而这样做的结果，虽然增加了继续获得收益的可能性，但也增加了亏损的风险。因为我们很难判断未来的增长空间和时间，一旦市场逆转，投资收益很可能不进则退。

所以，当投资收益达到理想目标时，就一定要进行赎回。至于如何赎回，我们的建议是，先分批赎回单笔投资的基金，再一次性赎回定时定额投资的基金。有计划、有步骤地分批赎回基金，不仅可以有效兼顾市场上升带来的获利机会，还可能有效地保证目前收益的安全性。

先停止定投行为

既然已经达到目标收益，那么定时定额的扣款买入行为就可以终止。你可以登录网银或者在银行柜台，办理暂定或取消定投计划业务。

再分批赎回单笔投资部分

既然买入时有“单笔加码”，那么赎回时就有“单笔减码”。但两者截然不同。

单笔加码重视跌幅，每次加码均在市场下跌至之前确定的亏损幅度（比如 -20%）时，才能进行加码。一些投资者觉得赎回时也得重视涨幅，比如涨到 20% 时，才能减码一次。这就大错特错，又犯了“贪念”，当投资收益已经让你满意或达到目标收益时，获得更多的收益已经不是你的主要需求，如果等待未来可能的理想涨幅，而涨幅未到或者转向下跌，就会让你大伤脑筋了。

正确的单笔减码，以投资时间为准则，分批赎回。投资者不妨把单笔投资资金划分为 3 部分，每 3 ~ 7 个交易日，赎回一部分单笔投资资金，分 3 批赎回完毕。

最后再一次性赎回定时定额投资

单笔投资资金分批赎回的期间，你已经分享了一部分获利机会，这时候一定要清醒，千万不要继续沉醉于“分批赎回”的快乐感。剩余的定时定额投资部分，建议一次性赎回，保证收益的结果完全，获利了结。

获利后：滚入再投资

如果你的获利资金，没有梦想等着去实现，或者没有紧急的资金需求，那么可以加码来继续投资。如果投资达到了理想的目标收益，需要退场，那么可以先分批赎回单笔投资的基金，接着再一次性赎回定时定额投资的基金。

幸福的烦恼

很多投资者赔钱失利后烦恼，然而不少投资者是因为赚钱了而烦恼："我已经获利 70%，现在该怎么办呢？"

诚然，一些投资者在投资前就设定了理财目标，希望获利后的资金可以付房贷、买车、子女教育、养老和旅游等。一旦获利，马上组织实施目标。

还有一些投资者没有梦想等着实现，也没有紧急的资金需求，投资获利后，手上多了一笔钱，不知道怎么办才好。在这里建议这部分投资者，获利后不妨继续进行投资。

理财是一辈子的事

时下，人们面临的财务需求越来越多：房子、车子的贷款，孩子的大学费用和出国费用，养老看病的需求，高品质生活的追求等。然而财富始终是有限的，再加上愈演愈烈的物价上涨、通货膨胀，使得财富贬值的现象非常严重，从而导致资金的缺口越来越大。

一次的投资结果仅能满足一个或部分财务需求，那么其他的财务需求又该如何满足呢？

一些投资者觉得自己已经有过一次成功的投资理财行为，就像完成了某一件事，以后就不会再从事了。这种观念是错误的。其实，理财是理一生的财，是个人一生的现金流量与风险管理，是一个持续性、不间断的理性行为，是为了让我们的财务更健康，生活更幸福，让我们的一生在有效的保障之下安然度过。

所以，投资理财的意识和行为应当贯穿于我们的一生当中。那么你手头的这笔闲钱，最好是滚入市场，继续进行投资。

维持原有的定投逻辑

这时，你已经具备了相当的投资经验。那么在继续进行基金定投时，还是维持“老三样”的定投逻辑：通过市场估值和均线分析寻找合适的低点，入场时选择定时定额投资；观察定时定额投资收益率，寻找适合的单笔加码空间。

熟能生巧，随着投资经验的进一步丰富和巩固，相信你的投资能力和风险承受能力得到进一步提高，你的投资收益也更加地稳定而长久。

可定投的钱更多了

与以往的定投行为相比，你手头可定投的资金显然更多了，甚至多出了两倍还不止。

那么在每次的定时定额扣款时，如果你之前每个月都扣 3000 元人民币，就可以加码扣 5000 元人民币。同样，单笔加码的钱也更多了。这样的结果，导致你会有更多的钱聚集到低点领域，获取更多的基金份额。在同样的收益率前提下，资金投入越多，获得的财富绝对值就越多。比如，同样是 30% 的收益率，投入 1 万元仅能获利 3000 元，投入 5 万元就能获利 15000 元。

在长期复利的指引下，财富的雪球也会越滚越大。

定投更多的基金

更多的钱，意味着你可以同时定投两到三只基金，增加扣款基金的数量。

核心原因就是做基金组合，能够进一步分散基金投资的风险，促进收益的长期稳定。也就是常说的“要把鸡蛋放在不同的篮子里”。一个篮子摔了，其他篮子里的鸡蛋还是安全的。可别小看这组合投资，根据 1987 年完成并于 1991 年更新的 Brinson, Hood & Beebower 研究报告，美国退休基金在 1977—1987 年期间取得的总回报中，约 91.5% 是归功于资产配置决策。

至于说基金组合的选择，投资者要切记，一定要选择相关性低的产品。因为越是不相关的产品，越能降低风险，反之亦然。比如你买了一堆产品都是股票型基金，那显然相关性太高，很难降低投资风险。考量相关性时一般用相关系数来衡量，相关系数介于 -1 和 1 之间，系数越低，说明越不相关。

“股票 + 债券”堪称最为经典的投资组合。如图 11-1 所示，股票与债券的相关

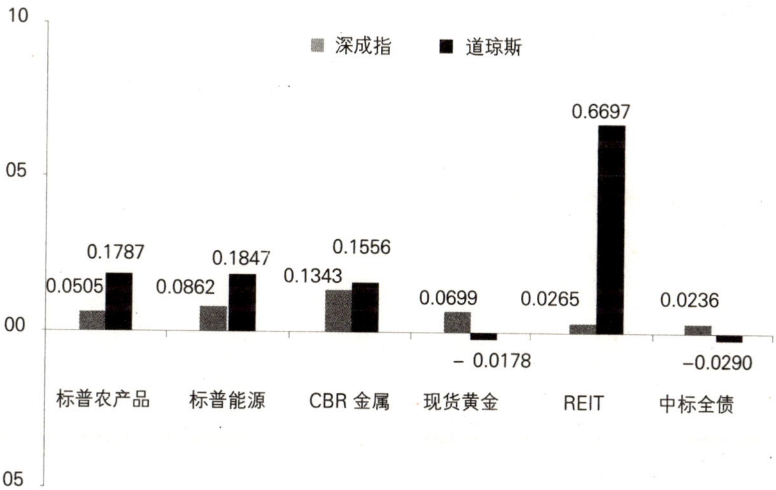

数据来源：海通证券研究所基金研究中心。

图 11-1 股票与其他投资市场相关性示意

系数为 -0.0290，可说是非常的低，从而成为投资组合中的重要工具。所以，投资者不妨依据晨星、银河证券等 3 年期以上基金评级，选择长期保持稳定业绩的五星级股票型基金和债券型基金，搭建基金组合，进行定投行为。

寻找有潜力的市场

基金定投，堪称门槛最低的一种投资品。而拥有更多钱，意味着你可以有条件选择门槛更高的投资品，比如 5 万元起的银行理财产品，或者是百万元起的专户一对多产品、实物黄金等。

同时，也可以寻找市面上有较好投资潜力或投资时机的投资品。以单笔投资这些投资品，增加潜在的、多样化的获利机会。

【第 12 章】

爱嘉定投 5 要点

勤做功课，把握市场脉动

金融市场瞬息万变，不管是债券天王还是股票天后，难免都有看走眼的时候，一般人如果想要判断进场时点，就得花点时间做功课。跟投资股票一样，在做基金的单笔投资时，也会做基本面和技术面的研究。

谈到基本面和技术面，关于两者高下之分，讨论久已。技术分析派认为，价格是市场所有参与者共同参与下的产物，是最具有代表性的，是有效的，所有的基本面因素都已经反映在了价格走势之上；而基本面分析派认为，基本面因素是渐变的，研究基本面才能够看清楚未来的发展走势，价格反映的只是此时此刻市场博弈的结果，但是要想看到未来的方向，则非基本面不行。

在股票牛市中，仍有投资者处于赔钱的境地；相反，在哀鸿遍地的 2011 年，也不乏有投资者靠着“贵州茅台”这样的“一枝独秀”赚得盆满钵溢。于是问题来了，到底该如何判断市场呢？颓势中“金盆洗手”，还是牛市中“肆无忌惮”？

或许大家还记得，在“打新不败”的岁月里，被业界一直看好的“中国石油”以 16.7 元的发行价开盘，当日股价一路跳开高走，升至 48 元左右，涨幅近 300%，这一天延续了中国股市“打新”神话。而 48 元也定格了“中国石油”的历史最高点。在股民的翘首期盼中，“中国石油”在随后几个交易日连连下跌，险些上演破发丑剧。

像“中国石油”这样走势的热门股并不鲜见，“建设银行”、“中国铁建”、“中国神华”等都经历过离破发一步之遥的窘境。在火热的牛市中，那些热门股出现令人咂舌的表现，可见对“选什么，何时买卖”问题的准确回答在投资中显得尤为重要。

若能准确判断，便能胸有成竹地稳坐钓鱼台。

到底是通过基本面还是技术面来判断呢？两者之间有多大区别？2007 年 7 月，股神巴菲特大手笔卖出“中国石油”H 股，等“中国石油”A 股上市时，巴菲特已经清仓“中国石油”了，虽然他的举动并没有影响“中国石油”以超高价开盘，但不久之后，随着“中国石油”股价的不断下跌，人们不由地佩服巴菲特的老谋深算。后来巴菲特本人承认将“中国石油”卖出时点过早。

人们佩服的是巴菲特低买高卖，在价值上“准了”。这也即基本面分析中的“黑箱子”理论——我只要一个低价格买入，高价格卖出，时间上我无法判断，只需把握两端即可。而让巴菲特本人懊悔的“过早”，却是从技术分析上得出的结论。

有些价值投资人守股如“守寡”，真正达到了“靠屁股”吃饭的坦然境界，这是一般人只能羡慕的份，要知道，好心态太不容易了！能忍太不容易了！能坚持太需要勇气了！技术分析则认为，时间是不均匀分布的，我们需要把握好时点，因为有很多时间是无用的（横盘整理，区间震荡，下行走低），短线、中线和长线其本质区别就在于对时间的过滤度不一样。短线要过滤到日线级别（持有哪几天），中线要过滤到周线级别（持有哪几周），长线则要看月线，甚至更长周期了。短、中、长线并无高低之分，关键在于过滤得好不好，把握得准不准罢了。

从静态的角度讲，技术分析派的说法是对的，因为价格这个事实放在那里，存在的就是合理的，任何的争辩都改变不了现在的成交价格这个最大的事实。

而从动态的角度来讲，基本面分析派的说法也是对的，因为越是大的基本面因素的改变，越是缓慢渐进的。由于基本面领先于技术面，基本面的变化通过逐渐被交易者所了解而以缓慢的方式来引领着价格的方向，因此基本面分析是有前瞻性的，是动态的。所以以基本面分析派的眼光来看，存在的价格绝大部分时间是“不合理”的，因此市场是无效的。但是对于一个想要成为优秀交易者的人来说，技术面和基本面这两个方面都不可偏废。

现在的市场信息量惊人，基本面的分析工作量也相当大，要凭一己之力成为大部分品种的专家几无可能，所以基本面的分析往往需要一个团队的工作或者依靠高质量的公开信息。相对来说，技术派的工作反倒简单一些，可以兼顾的品种也适当可以多些。

扎实的基本面分析可以指出市场未来最大可能的发展方向。而优秀的技术分析员可以根据成交的情况来判断目前市场所处的阶段、市场情绪化的程度、市场阻力最小的方向以及出入市的最佳时机。必不可少的风险控制手段，最大程度地保障了交易在最小风险下进行交易。

基本面分析和技术面分析都是具休的操作方法，有相互交融的地方。其实基本面分析和技术面分析在大脑层面，有着共同的思维方式，如“物极必反”、“天时地利”、“风水轮流转”等。

所以综合来看，对于在市场博弈中想获取胜利的我们来说，基本面和技术面两者都不可偏废，因为它们是组成长期、稳定回报的最坚实的基础。

了解景气趋势——基本面

基本面是指对宏观经济、行业和公司基本情况的分析，包括公司经营理念策略、公司报表等的分析。长线投资一般用基本面分析。在一般人的印象中，好像基本面分析容易掌握一些，只需要多收集各种经济数据，加以归纳就可以了，实际上远非如此简单。

前文中谈到的“中国石油”股票，当时发行时点正处于中国 A 股的牛市之中，该股有中国国企背景，无论从宏观环境，还是从企业业绩、财务状况、发展前景上看，都是一只值得长期持有的蓝筹股。但自从发行至今股价却始终未尽如人意，可见对于基本面的分析并非各项数据简单叠加的结果。

诚然在种类繁多的经济数据中，也有一些比较“确定”的规律。下面就简单介绍几种。

一是国内生产总值。国内生产总值常被作为衡量一国经济成果的指标，如果一个国家的经济增长率增幅递减，可以预期股市大概的行情。

二是主要经济指标。可以预测未来 6 ~ 9 个月的经济活动，要观察连续 3 个月有无升降，如果升幅或者跌幅逐渐缩小，就代表趋势逆转。值得注意的是，当主要经济指标达到最低或达到最高时，预测就会钝化，必须搭配其他经济指标。

三是美国采购经理指数。这是针对美国采购经理所做的调查，显示制造业的景气状况。当美国采购经理指数上升，代表美国对外采购金额增加，未来景气可望转好，反之则代表景气走弱。而当美国采购经理指数高于 50，就代表景气扩张，低于 50 则是景气收缩。

四是消费者物价指数。它是衡量通货膨胀的重要指标。当消费者物价指数维持低位，中央银行会调低利率；消费者物价指数持续高位，中央银行则会调高利率。

五是美联储的态度。美联储的举动影响全球利率走势和资金流向，从2004年6月以来，美联储持续加息，为的就是要抑制通货膨胀。美联储对市场的看法，乃至美联储发表的声明内容，都是重要观察指标。

六是消费者信心指数，其高低影响市场存货，特别是美国零售业占国内生产总值的60%，若存货居高不下，美国采购经理指数就跟着下滑。当消费者信心指数维持低于100时，代表景气低迷；若消费者信心指数持续下跌，则代表消费者对未来景气看法不乐观，消费意愿可能萎缩。不过，消费者信心指数在经济扩张期变化不大，景气低迷时，消费者信心指数对景气回升有关键影响。

七是工业生产指数与产能利用率。工业生产指数是衡量主要工业的实际产出，产能利用率则是衡量厂商对设备的利用程度。当工业生产指数上升时，代表经济步调加速，但是增幅过高则可能是景气过热，投资须谨慎。至于产能利用率偏高则代表需求大于供给，厂商有调高价格的能力，提升获利，进一步提升投资意愿。

以上只是简单介绍了几种宏观经济数据，但要做好基本面分析单凭数据分析是不够的。这是因为：一方面，由于经济数据种类繁多，投资者很难掌握完整的数据，这样就很难保证基本面分析的准确性。只有少数大机构才有能力做好基本面分析，这方面的成功例子有著名的金融大鳄索罗斯。另一方面，各类经济数据的重要性不一，即使是同一种数据，其重要性也要受到具体市场环境的影响，这更加大了基本面分析的难度。此外，有很多数据都很重要，往往它们又互相矛盾，这个时候又该如何判断呢？

作为普通投资者，不具备做好基本面分析的条件，但是可以根据市场对于基本面消息的反应情况，来分析判断市场的大势，作为指导我们操作的参考。

比如，在2011年10月左右，美元跌破了已经维持了近两个月的盘整区间。但从美国基本面情况看，不论是GDP数据，还是非常重要的非农就业数据，比主要对手欧元区要好很多，这也进一步支持了美元利率继续上升的预期。

但如果我们把目光投到油价上，可以看到油价的高企也在支持美元的走弱。当时的国际原油价格已经接近每桶 62 美元，由于美国对于石油输出国组织 OPEC 具有强大的影响力，油价的不断飙升后面可以非常清楚地看到山姆大叔长袖善舞的身影。而炒高油价的一个重要作用，就是有助于逼迫对于本币升值怨声载道的欧洲央行和日本央行接受升值。

作为普通投资者，通过数据预测市场未来的走向难度不小，但如果通过观察市场对于数据的反应，借此判断市场多空的转化，能够从中窥到蛛丝马迹，就可以说，我们的基本面分析非常成功了。

判断进出场时点——技术面

由于基本面判断需要参考大量的数据，比较、分析难度较大，更多的投资者开始选择做技术面分析。一般投资者大都通过季线、KD值和成交量等来预判走势。投资者在分析技术面的同时，也要与基本面的分析预判结合做出判断。

在判断单笔投资进出场时点时，投资者要关注的第一个是季线走向。季线在指数及个股的中期研判中具有重要的作用。翻看沪深指数和个股的历史，就会发现，每当季线上涨时，都会发生持续性的波段行情甚至大行情；而每当季线下跌时，都会发生波段性的空头行情甚至熊市。

由于均线的滞后性及震荡市的不确定性，季线的走势，应配合量能及其他均线辅助判断。如果把 10 天均线，20 天均线和季线结合使用，就可以大大提高信号的敏感性。

另外，KD 值也是一个重要的指标。它是用来判断实际进出场时间点。KD 值是利用周期中的最高价、最低价和收盘价来计算未来的随机值，50 是强弱分水岭，80 以上表示趋涨，20 以下表示趋跌。K 线代表快速移动线，D 线代表慢速移动线，产生黄金

【Tips】

K 值指标的计算公式为：今日 K 值 =2/3 昨日 K 值 +1/3RSV

D 值指标的计算公式为：当日 D 值 =2/3 昨日 D 值 +1/3 当日 K 值

公式中的 RSV 是未成熟随机值，该指标主要用来分析市场是处于“超买”还是“超卖”状态：

RSV 高于 80% 时，市场即为超买状况，行情即将见顶，应当考虑出仓；

RSV 低于 20% 时，市场为超卖状况，行情即将见底，此时可以考虑进仓。

说明：时间周期：2009 年 5 月 27 日至 2012 年 3 月 5 日。
数据来源：通达信。

图 12-1 上证综指 KDJ 指标示意图

交叉时，应加快布局；反之，若 K 线跌破 D 线、产生死交叉时，投资者应准备卖出持股。

另外，通常要看周 KD 指标，再参考日 KD 跟月 KD。原则上，只要大环境不差，低于 20 时应大力买进，当 K 线穿越 D 线，产生黄金交叉后，只要还有筹码，一般可以持续买进，直到布局完成。

若 KD 值到达 80 超涨区时，投资者应更加谨慎，开始准备卖出，此时如果死亡交叉还没产生，就可以再等一下，等 K 线下弯时，则要开始分批卖出，一旦出现死亡交叉，

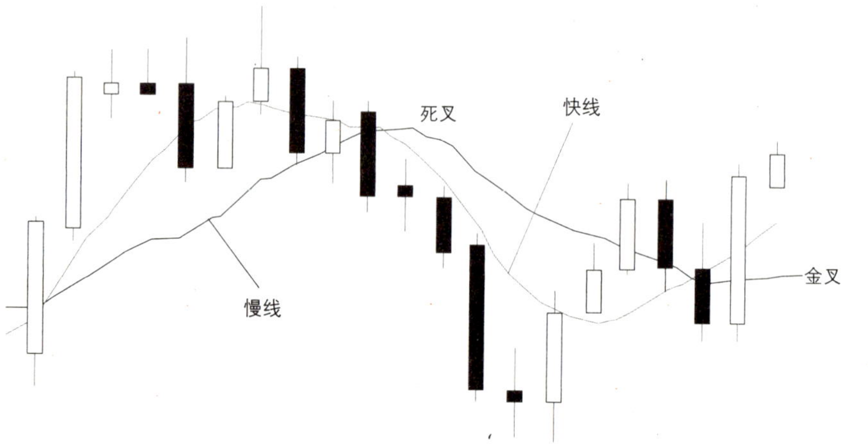

图 12-2 黄金交叉与死亡交叉示意图

就要及时清出手上持股。

同时也要注意观察成交量。“量先价行”是股市里的至理名言，所以除了季线和KD值之外，成交量也是观察点，通常量缩价跌时，是进场的好时机，而量价背离时，则要小心市场有反转向下或持续深探的危险。

【Tips】

缩量：是指市场成交极为清淡，大部分人对市场后期走势存在分歧，市场观望气氛浓厚。

放量：放量一般发生在市场趋势发生转折的转折点处，容易出现突破或破位的走势。

堆量：当主力意欲在底部拉升时，常把成交量做得非常漂亮，几日或几周以来，成交量缓慢放大，股价慢慢推高，成交量在近期的K线图上，形成了一个状似土堆的形态，堆得越漂亮，就越可能产生大行情。相反，在高位的堆量表明主力已不想玩了，在大举出货。

分批进场，买跌不买涨

单笔投资基金，进场时间点很重要，只是很少有人能够真正在最低点购买，所以分批进场的投资方式显得很精明。要想精明到底，必须保持理性，不要陷入“羊群效应”，跟风买涨，要学会买跌不买涨！

高抛低吸，低买高卖——听起来像真理那样永远正确，做起来却像梦幻那样遥不可及。因为波段操作成功的前提需要我们在“高点卖出”的同时又能在“低点买回”。投资者很难既选准了卖点，又选准了买点。华尔街的投资高手也认为它的难度犹如“同时接住两把从天上掉下的飞刀”。

可要是增加购买时点，将原来“一点”的购买机会，拉长为一个时间轴，如同想要增大彩票中奖的概率，其实可以多买一张的道理一样，获得低买的概率也会增大。

不妨来看看下面这两种情况：当某只基金 T 日的净值为 3.0 元，某君用 3000 元的本金一次性全部投入来购买该基金，可获得该基金 1000 股（忽略申/认购费）。

如果同一日，同样的本金，该君采取分批购买的方式，他能购买该基金多少股呢？

表 12-1 同样本金采取分批购买能购得更多的股份数量

日期	基金净值			股份数量
	3.0 元	2.0 元	1.5 元	
T	100 股			100 股
T+1		600 股		600 股
T+2			1000 股	1000 股
合计				1700 股
	3.0x100=300 元	2.0x600=1200 元	1.5x1000=1500 元	3000 元

从表 12-1 中，可以清晰地看到，无论基金净值上涨或下跌，同样本金采取分批购买能购得更多的股份数量。

我们投资基金都是抱着相同的目的，即让财富能实现稳定地增加。这就需要两个条件，一个是手中持有的筹码要尽可能的多，二是基金价格有较大幅度增长。这两个条件中，我们所能决定的就是让手中持有的筹码尽可能的多。显然采取分批进场更能实现这种可能。

那么，怎样让手中持有的筹码尽可能的多呢？那就是在基金净值低的时候多买入，基金净值越低，买入的越要多。基金净值在什么时候低呢？是在市场下跌的时候，基金的净值也会下降。这时候我们用同样多的资金，就可以买入更多的基金份额。所以市场中有这样一句话，“择时投基买跌不买涨”，甚至有人说，“越跌越开心”。

有人会问了：怎么越跌越开心？股市跌下去了，基金净值跌下去了，那不就是说赔钱了嘛，怎么会越赔钱越开心呢？投资基金不就是为了挣钱吗？应该是越涨越开心啊！下跌的时候应该快点把基金赎回来，避免越赔越多啊！所以在别人的恐惧中你敢不敢买入，成了关键问题。若能敏锐地感觉到周围投资者的情绪，在别人的恐惧中贪婪，也是种不错的投资方法。

无论狂热或沮丧，均值回归总能让你保持清醒。市场的长期平均收益率是相对固定的，时间越长，回报越高。短期内获得高额回报，终将会下跌；反之当市场持续下跌时，长期回报偏低，则未来出现大涨。市场长期收益率相对平均的原因，是股市与经济密切相关，股市能够反映出经济的长期稳定增长。对大部分投资者来说，不妨掌握一个窍门——上涨是敌人，下跌是朋友。

巴菲特在股市下跌时开怀，是因为买进的时机又到了。而金融大鳄索罗斯，也坦承他的成功源于抓住了“黑天鹅”。索罗斯认为，虽然世界在 99% 的时间里都循规蹈矩，但每当 1% 的意外发生时，其冲击力远远超过之前的 99%。“对我而言，只对那出现变动的 1% 的市场感兴趣。”他这样说道。

《华尔街日报》的一位专栏作家曾说过：感受到的风险和真实的风险就像是地球的两极。市场中真实的风险表现为：当市场处于高位，就会存在调整、震荡的可能，这时其实就会蕴藏着极大的风险，而当股市大幅调整之后，所蕴藏的风险已经全部或部分地进行了释放，反而相对是安全的，所以投资中流行一句话：投资机会是跌出来的。而人们对风险的认知表现为：价格上涨的时候觉得没风险，价格走低时就觉得岌岌可危，所以在投资过程中才会有“追涨杀跌”、“买涨不买跌”的行为。事实上，有时“追涨”就是在追风险，“杀跌”就是在杀机会。

因此，在基金投资过程中，我们应该彻底抛弃那种“买涨不买跌”的做法，更应该彻底抛弃下跌时赎回基金的做法。许多有经验的老基民在被问及他们的基金投资心得时，总会这样说：“一定不要在市场下跌时轻易赎回，除非你真的急需用钱。”在下跌的过程中，我们需要克服自己的心理弱点——恐惧。贪婪与恐惧就是投资者最难克服的人性弱点。股市大跌连累基金净值频频下挫，眼看自己的资产不断缩水，难免陷入恐慌。其实，对投资者而言，只要你能做到不赎回选择继续坚守，那净值下降的投资损失只不过是暂时的浮亏，或者说是一种投资者感觉上的“心理亏损”而已。只有你忍受不了下跌恐惧斩“基”出局，才会将损失实实在在地兑现了。

所以，在基金投资过程中，我们应该树立一种新的理念，坚持长期投资，不为短期波动所干扰，要学会正确地看待市场中所蕴藏的风险。确立了长期投资的理念，能正确地看待市场中的风险，我们就能做到正确看待市场的下跌了。市场的下跌固然能给我们造成一定的损失，但也给了我们一个摊平投资成本、在低价位积累更多筹码的机会。

投资大师彼得·林奇就曾说过：“股市下跌就像科罗拉多一月的暴风雪一样平常，如果你有准备，它并不能伤害你。下跌正是好机会，去捡那些慌忙逃离风暴的投资者丢下的廉价货。”他还告诫投资者：“如果你动不动就闻风出逃，你不要碰股票，也不要买股票基金。”欧洲最成功的基金经理人之一安东尼·波顿在归纳自己的投资经验教训时着重指出：当你觉得一次投资行为让你“心理非常舒适”时，你这个决定大概已经做晚了。“进行与众不同的投资吧！”他说，“当股价上涨时，避免过于看涨；当几乎所有人对前景都不乐观时，他们可能错了，前景会越来越好；当几乎没有人担忧时，就是该谨慎小心的时候了。”

所以，如果我们想在基金投资过程中取得更好的收益，就应该做到择时投基买跌不买涨。

懂得分批进场，也要懂得分批出场

就像前文提到的，进场时很少有人能够在最低点购买，出场时也鲜有人能够在最高点卖出。所以单笔投资基金时，无论进场或出场，最好都能分批进行，因为没有人知道何时是真正的低点、高点，也少有人能赚到完整的波段。

没有所谓完美的介入和赎回点。一次性概率的可能结果无人能提早预判，在一定条件下，普通投资者能做的就是将可操作的机会变多，以更多的机会博取高收益。美国著名棒球手约吉·贝拉曾说过：“在真正结束的时刻到来之前，一切仍在继续。”在单笔基金投资中，一样要有一个明确的“点”来提醒自己何时该全身而退。

暂且抛开这个“点”，来看看下面这个现象和一组实验，或许会让这“点”在投资者头脑中更清醒和直观。

现实中，很多投资者在高额的回报或巨大的收益前，都没有办法很好地控制自己的情绪。尤其是乐观的时候，人们总是夸大自己的风险承受能力。利益的巨大诱惑会强烈地挑逗着人们贪婪的本性。有些人宁愿去选择以 20% 的可能性获得 80% 的回报，却对同样高的风险视而不见，不满足于以 80% 的可能性获得 20% 的回报。

贪婪与损失往往如影随形，所以在好收益的情况下，知道见好就收需要之前设立一个明确的目标，亦可称为停利点。当收益到达该位置时，投资者应有所警醒，适当收手。一般来说，在确定目标收益率时，可以采取“无风险收益率（国债利率）+ 成本费率 + 风险溢价”的方式，股票基金净值年增长 10% ~20% 是比较合理的目标。

下面我们再看看这样一组实验。

第一项实验是请人们在 3000 美元的确定收益和 80% 可能的 4000 美元收益中做选择。实验的对象往往选择了前者，而不喜欢后者 20% 一无所有的可能性，尽管期望理论告诉我们，后者的 3200 美元要高于 3000 美元。

第二项实验是请人们在 80% 可能的 4000 美元损失和 100% 可能的 3000 美元损失中做选择。这时 92% 的实验对象决定赌一把而选择了前者，尽管这样的损失期望值高于 3000 美元。

由此可以看出，失衡出现了。在涉及收益时，大部分人是风险的厌恶者；但涉及损失时，又会成为风险偏好者。这个结论说明，投资者通常所厌恶的不是不确定的风险，而是实实在在的损失。与回报相比，损失总是更为引人注意。

那么与停利点相对的停损点也就浮出水面。在做单笔投资时，停损甚至是比停利还要重要的，所以投资做错了决定，就要及时止损，及早赎回。基金的止损在市场处于高位时尤其重要。如，风险承受能力较高的投资者可以把“止损点”设在基金净值从当前净值下跌 20% 的位置，相对而言，对于盈利较少、风险承受能力有限的投资者来说，可考虑将止损点设在考虑申购赎回费用后亏损 10% 的位置。

当收益或损失情况已经到达投资者所设定的范围内时，赎回便开始了，与分批入场的道理一样，出场时也要注意分批出场。

分批赎回的优势在于，你不确定基金净值走势的情况下，分批赎回可以分散你判断失误的风险，通过分批赎回，如果这期间基金净值涨了，你能继续获得一部分收益；如果跌了，你能减少已经赎回的那一部分的净值损失，是分散风险的一个手段而已。如 10%、20% 便赎回一部分，边涨边赎，这样有利于降低风险，同时，也降低了仓位，可以在市场振荡下跌时逐步建仓新的基金品种。

再如，很多既炒股票又买基金的投资者，都谙熟“下午两点半”法则。基金赎回有个基本规则是“未知格”原则：交易日 15：00 前提交赎回申请，以当天的基金净值

（15：00 收市后计算得出）作为成交价格；交易日 15：00 后或非交易日提交，以下一工作日的基金净值作为成交价格。

投资者要学会适应这个规则。具体来看，A 股市场下午 3：00 收盘，但往往到下午 2：30 分就大局已定，市场是大涨还是大跌一目了然。如果在近期要赎回某只基金，随意选择某天赎回不是科学的办法，最好在近几天下午 2：30 分看盘，注意到市场涨势后再发出赎回申请。

许多机构投资者在进行基金申购和赎回时，通常是在每个交易日下午和基金公司的市场人员不断沟通，估计好当日的基金收盘净值，在股市收盘前才发出基金申购或者赎回申请。

【附录】

爱嘉定投问答

失业了，基金定投怎么办

基金定投适合长期投资，一般而言，建议达到投资目标时再结束，但是上班族一旦失业了，就失去了经济来源，连生活品质也无法保障，自然很难再继续投资。

投资应该是在保障基本生活的前提下，为自己将来做打算的一种存钱方式。所以一旦失业，且失去了经济来源，投资行为自然不能继续进行，不如转换心情，重新寻找工作。一切以保证生活质量为首要任务，房贷、车贷、子女教育的费用，这些都是不能省却的。

切记：如果每月扣款已经超过每月的可用资金，赶快停止或者调低基金扣款的金额，直到可以负担的额度。同时，绝对不要借款投资，因为借钱就要还款，那么投资就会面临时间的压力，而引起投资心理的改变。

组合中每只基金都亏 40% 怎么办

如果真是如此，在行动前不妨先好好检视自己的资产配置，问问自己这档基金所投资的市场前景如何？因为投资是要看未来，而不是对过去念念不忘。如果基金投资的是未来较为强势、较具有反弹潜力的市场，当然要继续扣款，甚至逢低加码。如果是一个较不被看好或是必须等待更久才会回温的市场，建议做个调整，可以考虑降低投资金额，以时间换取空间。

当然，市场看准了，基金也要选对，如果你原来购买的基金连续半年在同类基金中的表现都垫底，那就和它分手吧！如果坚持的过程实在难熬，不妨看看自己到底攒了多少钱，这样比较容易撑过去。撑着撑着，等到下一波市场翻转时，你会发现自己成了大富翁。

基金亏太多是否应该终止定投

如果说想要解答这个问题，就应该先问问，在购买前，你是否已经对购买的基金有了足够的了解？它到底是哪种类型，是债券基金、黄金基金还是矿业基金？是保本型基金还是积极型？在完全不了解商品特性的前提下，就糊里糊涂地购买，赚钱全靠运气，这样风险太大，要赚钱还得靠正确的理财观念。

再者，在投资时，不能只重视报酬率而忽视风险性，如果对于产品的风险不够了解，自然不能理解何为“亏太多”。以保守型的产品为例，它出现大涨大跌的几率确实比积极型的商品要低，但是这并不代表大涨大跌不会发生，一旦发生，它会涨得很迅速，也跌得很“积极”。所以，只有真正了解产品，才能知道它的死穴在哪儿，并且尽量避免与这样的状况相遇。

市场会回暖吗，基金定投会赔光吗

市场不会只跌不涨，回暖只是时间的问题。至于什么时候复苏回暖，这个问题很难有个绝对的时间表，我们都不是神，猜中一两次还可能，但不可能永远都猜中。不过，定投的报酬率倒是一个很好的参考指标，一般股市下跌时，基金报酬也跟着往下掉，当报酬率好一阵子不再继续往下跌时，很有可能股市已经落底，所以定投报酬率创新低时，往往就是回暖的一个信号。

至于定投是否会赔光，这个问题不用太担心，这样说吧，买股票可能变成一张纸，买债券可能变成烂账，而基金是一个投资组合，以股票型基金来说，基金投资是一堆股票，除非这一堆股票全都变成一张纸，你的基金才有可能赔光。

再者，如果基金面临被清算或是合并的结果，基金公司一般也会提前通知，让客户提前做准备。你可以思考一下这只即将被清算的基金所投资的市场未来如何，如果前景乐观，就可以换一个基金继续持有，如果前景堪忧，正好借此机会转换到更有前景的市场继续投资。

市场不稳，要终止定投且赎回吗

如果你在亏损状况下终止定投，即使投了再长的时间，在选择终止的那个瞬间，投资已经成为单笔投资，因为投资成本不再会因为股市下跌而摊平。而定投的最大精髓就在于，股市下跌时继续投资，迅速积累单位数，尤其是股市短时间重挫，幅度又深，定投的效果更好，更能快速回收成本盈利。

有一种状况可以考虑停止定投，那就是当你很确定股市处于上升趋势，未来将往上走，而且基金投资的账面收益率已经持平，没有亏损状况。这个时候终止投资没有太大的坏处。

至于是否要赎回，可以从三个侧面来考虑：第一，基金的投资标的是你要的吗？第二，基金的后市如何？第三，要不要落袋为安控制风险？如果说这个基金类型正好是投资组合中缺少的那一类，那么选择继续保留比较好，相反，如果是投资组合中根本不需要或者根本不适合投资的，就趁早放弃。第二个问题也是如此。至于是否需要落袋为安，要看自己此阶段的风险偏好，如果需要控制风险，就可以把过去涨了一段时间的基金先赚进口袋，这样风险就相对降低了。

基金定投，如何摊平成本

加码投资以摊平成本的策略并不适用于所有的基金，如果是回升速度过慢的保守型基金或者是绩效远远落后于同类型的后段班基金，建议切莫执着，赶紧和它分手。

至于如何摊平成本，要视情况而定，如果持有的基金偏积极型，且绩效在同类型基金中有中上水准，资金雄厚者就可以考虑加码持平。

如果手边没有多余资金，那也没有关系，熬下去持续扣款终究也能等到春天来临。如果想达到更好的投资效率，也有变通之法，就是择优扣款，将资金投入更有前景的市场上。

如何判断市场趋势

这或许是投资者最常问的问题。影响市场未来趋势的因素，大致可以分为基本面、政策面、资金面、技术面等几大类，如果想要对市场趋势有更深刻的理解，勤做功课是必不可少的，从日常生活中的各项资讯去寻找属于这几大类的参考指标，例如，政策面就需要关注时事，参考政府的施政方向、目标或是宣布的重大公共建设等，而资金面最好是关注全球资金动向等。

但事实上，假如你每天工作很忙，根本没有时间阅读财经相关资讯，或是无法独立思考判断，那么，与其过多去关注市场如何复苏，不如本分地按照理财原则投资理财，建议你还是采用定投，遵循合理的投资分配原则。

如何设定止盈止损

这要视情况而定，先说定投基金，如果基金类型不同，自己的风险承受度不同，那么设定的停利点也应该不同。如果你在定投基金中，有债券型或是同时投资股票、债券的混合型基金，设定的停利点应该低于股票型基金。因为股票型基金的波动大，止损点和止盈点适宜设立得较高些。

当然，这些所谓的设定基本原则最终还需要考量个人的风险承受能力，例如，你觉得股票型基金的报酬率设定于 20% 太高，10% 就已经足够，那依据个人的喜好调整即可。

至于单笔投资的部分来说，止损点的设立终于止盈点。止损点的设定原则跟前面介绍的定投大同小异，但数额的设置不能像定投那么高，原因在于单笔投资的金额通常比较大，即使报酬率不高，但实际投资数额可能已经很大。

当达到预设点时，如果一只基金同时做了单笔申购和定时定额扣款，建议先卖出单笔，再卖定时定额，如果金额大，单笔投资还可以分成两批卖掉。这样进可攻、退可守，如果卖掉第一批基金之后，股市继续上涨，那么接下来卖出的定投基金只会卖得更高，赚更多的钱，如果卖了之后市场下跌，那么至少已经赎回了一大半。